AF570215

# Marion Gräfin Dönhoff

## La « comtesse rouge » du journalisme allemand

**Biographies série XX^e siècle**

Dernières parutions

Godet (Jean-Louis), *Felix Jourdan-Clet. Un inventeur stendhalien (1891-1976)*, 2014.

Anne Laszlo

# Marion Gräfin Dönhoff

## La « comtesse rouge » du journalisme allemand

Du même auteur :

„Elsass“, Editions Stürtz, Würzburg (photographies: Galli/Heeb), 1997


**5-7, rue de l'École-Polytechnique, 75005 Paris**

http://www.harmattan.fr
diffusion.harmattan@wanadoo.fr
harmattan1@wanadoo.fr

ISBN : 978-2-343-03581-9
EAN : 9782343035819

*À Manon*

# Sommaire

*ALBUM PHOTOS*

Friedrichstein

(Archiv Marion Dönhoff Stiftung)

L'impératrice Auguste-Viktoria et la comtesse Ria Dönhoff à Friedrichstein

(Archiv Marion Dönhoff Stiftung)

Les enfants Dönhoff en 2012 (Marion est la première à gauche)

(Archiv Marion Dönhoff Stiftung)

La petite comtesse en 1919

(Archiv Marion Dönhoff Stiftung)

La lycéenne en 1929 à Potsdam

(Archiv Marion Dönhoff Stiftung)

Yvonne et Marion Dönhoff (Archiv Marion Dönhoff Stiftung)

Marion Dönhoff en 1935 en Croatie

(Archiv Marion Dönhoff Stiftung)

Marion Dönhoff en 1956 au Maroc

(Archiv Marion Dönhoff Stiftung)

Marion Dönhoff en 1958

(Archiv Marion Dönhoff Stiftung)

Le bureau de Marion Dönhoff dans sa maison de Hambourg en 2001

(Archiv Marion Dönhoff Stiftung)

Marion Gräfin Dönhoff avec Willy Brandt (en haut) et Helmut Schmidt (Archiv Marion Dönhoff Stiftung)

Marion Gräfin Dönhoff avec Michael Gorbatchev
(Helmut et Hannelore Kohl en arrière-plan)
(Archiv Marion Dönhoff Stiftung)

## *Kwitajny, août 2010*

Nous sommes au crépuscule d'une belle journée de fin août 2010. Je suis avec ma fille Nora devant l'ancienne demeure des Dönhoff à Kwitajny, en Pologne - autrefois Quittainen, en Allemagne, dans la province de Prusse Orientale. C'est de là qu'est partie en janvier 1945 Marion Gräfin Dönhoff pour sa légendaire chevauchée vers l'ouest, fuyant l'Armée rouge.

Marion Gräfin Dönhoff, autrement dit la comtesse Marion Dönhoff, est en Allemagne, à la fois une grande dame du journalisme politique et une figure historique. Elle-même disait qu'elle avait eu deux vies. La première était celle d'une fille de grands propriétaires terriens de Prusse Orientale, d'étudiante à Francfort et Bâle, de gestionnaire du domaine familial, proche des résistants allemands aux nazis. La deuxième vie, c'était celle de la grande journaliste politique de l'hebdomadaire des intellectuels « Die Zeit ». Elle a par ses reportages et ses éditoriaux influencé la politique allemande de la deuxième moitié du 20e siècle. Il s'agit d'une personnalité attachante, qui a eu une vie digne d'un roman épique. «*En exagérant un peu, on peut dire que Marion Dönhoff était, en tant que personnage, un chef d'œuvre* [1]», a dit d'elle la femme politique allemande Katharina Focke, en se référant au philosophe Emmanuel Kant.

Parmi ses thèmes de prédilection il y avait les relations germano-polonaises et la Prusse Orientale, sa patrie perdue, coupée entre la Mazurie devenue polonaise et Kaliningrad, devenue soviétique puis russe. Lire ses articles, ses livres et les livres écrits sur elle, donne forcément envie d'aller voir de quoi a l'air cette Prusse Orientale qui n'existe plus.

La maison de maître est toujours debout. Bancale, mais debout. Le toit de l'orangerie s'est effondré il y a quelques années, mais l'église et la maison du gérant sont toujours là, elles aussi.

Nous sommes tout à notre bonheur d'avoir trouvé ce lieu magique quand un homme encore jeune se plante devant nous avec un grand sourire. « *I am the owner* », dit-il avec une fierté aussi

---

[1] BUHL Dieter, *Marion Gräfin Dönhoff – wie Freunde und Weggefährten sie erlebten* (page 78)

évidente que sympathique, avant-même de se présenter. Fils d'émigrés polonais de Russie en Angleterre, Martin Balawajder avait été envoyé par son entreprise britannique en Pologne après la chute du Mur de Berlin. Il n'en est plus reparti et il a acheté il y a peu le domaine de Kwitajny. Nous avons traversé le miroir de l'Histoire et en un instant sommes revenues au temps présent. Un bonheur à donner le tournis, d'autant plus que le ciel nous offre ce soir un magnifique spectacle dans tous les tons du rouge et du doré.

Le petit château de Kwitajny a connu un meilleur sort que le palais de Friedrichstein, résidence principale des Dönhoff, détruit début 1945. Le domaine a assez bien résisté aux bouleversements du 20e siècle. Une vingtaine de portraits de famille, quelques meubles et objets ont pu être sauvés et installés plus tard dans le musée d'Olsztyn (ancienne Allenstein). Après les soldats de l'armée soviétique, c'est une école agricole qui s'y est installée. Puis la demeure a abrité des appartements, des bureaux et un entrepôt. Elle n'était plus entretenue comme autrefois, mais elle a échappé à la destruction. Depuis la fin de l'ère communiste des propriétaires privés ont tenté de redonner un peu de l'ancien lustre au château, peint en rose, et de remettre en état le parc.

Les maisons en briques rouges du village de Kwitajny ainsi que la petite église baroque et le pont de pierre néogothique ont également survécu aux bouleversements du 20e siècle et sont entretenus. Ils offrent avec les étangs un premier plan de rêve aux couchers de soleil sur la Mazurie.

Martin Balawajder est arrivé trop tard pour sauver le toit de l'orangerie. Pourra-t-il sauver le bâtiment ou bien n'en restera-t-il qu'une jolie lithographie du 19e siècle[2] ? J'espère de tout cœur qu'il réussira.

---

[2] Collection Duncker

Kwitajny, août 2010 : l'église et la maison de maître
(photographies Anne Laszlo)

Kwitajny, août 2010
L'ancienne maison du gérant
(photographie Anne Laszlo)

# *PREMIÈRE VIE*

# Les valeurs d'une enfance en Prusse

A la naissance de la petite Marion, le 2 décembre 1909, son père a 64 ans. Son grand-père était né en 1797. Trois générations suffisent pour embrasser l'Histoire de l'Allemagne de Goethe à l'ère des ordinateurs omniprésents. Marion est la petite dernière de huit enfants, dont sept vont atteindre l'âge adulte.

Marion Hedda Ilse est née à Friedrichstein, à une vingtaine de kilomètres à l'est de Königsberg, la capitale de la Prusse Orientale. Tout comme Schlobitten et Finkenstein les deux autres grands châteaux de Prusse Orientale, Friedrichstein sera entièrement détruit à la fin de la Deuxième Guerre mondiale. La souvenir de ce palais baroque du début du 18e siècle, au décor intérieur rococo, et des trésors qu'il abritait, ne la quittera jamais. « *Mon père était un collectionneur avisé d'œuvres d'art, en relation avec tous les grands musées dans le monde. Tout a été détruit, dont les gobelins flamands, les peintures, les archives* [3]», se souviendra-elle à presque 89 ans.

A Friedrichstein, les empereurs allemands ont des suites réservées pour leurs visites dans la province à l'est du Reich. La petite fille n'a pas gardé souvenir de telles visites, bien qu'il existe des photographies de la dernière impératrice allemande, Kaiserin Auguste Viktoria à Friedrichstein, en compagnie de sa dame d'honneur, la comtesse Ria Dönhoff. Mais quand le maréchal Hindenburg, héros de la Première Guerre mondiale sur le front de l'Est, passe quelques jours de vacances à Friedrichstein, elle est déçue, une déception gravée dans sa mémoire : « *Avec sa moustache, il ressemblait plus à un casse-noisette comme j'en avais vu dans un livre d'images, qu'au héros quasi divin de mon imagination.*[4] »

Le grand héros politique de la jeune Marion, ce sera plutôt son grand-père, né en 1797 et décédé bien avant sa naissance. En effet, autant son père que son grand-père se sont mariés sur le tard. Le comte August Heinrich Dönhoff a été soldat, puis diplomate. Pendant l'année révolutionnaire de 1848, il est député à l'Assemblée fédérale,

---

[3] SWR / Die Zeit, *Marion Gräfin Dönhoff - Gespräche zwischen 1953 und 1998*, 2002

[4] idem

qui se réunit à Francfort. Le 8 mars, alors qu'il assure la présidence de l'Assemblée, il veut lever la censure de la presse, proclamer le droit constitutionnel et un droit fédéral de la presse – mais sans succès. Le lendemain, il fait adopter l'aigle prussien et les couleurs noir/rouge/or comme symboles nationaux – qui resteront. Et le 31 mars 1848 il signe un décret exigeant la reconstruction de la Pologne, qui avait été démantelée. Il voudrait voir l'injustice faite à la Pologne réparée. La Pologne en verra d'autres ...

Les priorités de la petite fille se situeront plus d'un siècle plus tard en droite ligne de celles du grand-père.

Ecarté, découragé, August von Dönhoff s'est retranché sur ses terres qu'il a réussi à désendetter. D'après l'analyse de Marion Gräfin Dönhoff, rapportée par la journaliste Alice Schwarzer, il ne supportait pas l'ultra conservatisme qui s'est installé après 1848[5]. Son successeur au Bundestag de Francfort est Otto von Bismarck.

Klaus Harpprecht, qui a écrit la biographie de référence de Marion Dönhoff, raconte que le vieux Monsieur était devenu hargneux sur ses vieux jours. Il pestait comme déjà son père avant lui contre l'esprit matérialiste des temps, les spéculateurs, les nouveaux riches, les capitalistes. La famille Dönhoff n'aimait pas et n'aimera jamais l'esprit matérialiste des temps, les spéculateurs, les nouveaux riches, les capitalistes. Cela dit, elle savait profiter de l'aisance matérielle : si le fils du vieil August Heinrich, August Karl (le futur père de Marion) a pu vivre une longue jeunesse dorée, voyager et collectionner des œuvres d'art, ce n'est pas seulement grâce aux revenus des domaines de la famille ou grâce à ses propres revenus de diplomate de second ordre. C'est probablement parce que les Dönhoff ont su investir dans l'industrie ou placer leur argent[6].

Marion regrettera beaucoup de ne pas en savoir plus sur son père. Elle n'a que peu connu cet ancien diplomate, qui avait voyagé professionnellement et par intérêt personnel dans le monde entier. Au Reichstag August Karl Dönhoff représentait l'aile libérale des conservateurs. En même temps il siégeait, de par sa naissance, au Herrenhaus, la Chambre des seigneurs de Prusse à Berlin, de 1854 à

---

[5] SCHWARZER Alice, *Marion Dönhoff*, p. 115

[6] HARPPRECHT Klaus, *Die Gräfin*

1918. Marion Gräfin Dönhoff racontera non sans fierté que d'après l'écrivain, philosophe et historien Golo Mann les discours du député Dönhoff étaient d'un très bon niveau, nettement au-dessus des autres discours politiques.

Chez les Dönhoff, on sait recevoir un empereur avec tout le confort et le savoir-vivre hérité de génération en génération. Le père de Marion est un monsieur. Il possède une automobile, l'une des premières dans la province à l'Est. Quand il roule sur les routes, c'est une sensation. Les paysans couvrent les yeux des chevaux pour qu'ils ne s'affolent pas à la vue de cette « machine infernale ». Les enfants ont leurs précepteurs à demeure. Bien évidemment une préceptrice française en fait partie.

Mais on sait aussi être extrêmement économe. Pas question de « faire riche » alors que les paysans alentour économisent leur seule paire de chaussures pour aller le dimanche au temple.

La religion a une place évidente, omniprésente. Chants et prières le matin, prière avant et après chaque repas. Le dimanche toute la maisonnée se rend au temple protestant du village de Löwenhagen. Il faut y aller à pied, par respect pour le cocher. Eh oui. Les parents partent à temps, dignement. Les enfants se dépêchent de suivre. Et les adolescents enfourchent leur bicyclette, qu'ils cachent peu avant l'arrivée dans un fourré, afin de se présenter à pied, dignement, eux aussi.

Marion dira plus tard, dans l'une de ses dernières interviews[7] qu'elle ne s'est jamais fait une représentation précise de Marie, Joseph ou Dieu le père. Toute sa vie, la Sainte Trinité, le Saint Esprit, ou même le Christ, elle a du mal à se les représenter. Mais il lui est important de savoir qu'il y a une force ordonnatrice.

La comtesse deviendra membre de l'Eglise « bekennende Kirche » (« Eglise confessante »), en protestation contre le régime hitlérien.[8] Cette église protestante sera le lieu de ralliement, autour de théologiens tels que Dietrich Bonhoeffer et Martin Niemöller, de nombreux opposants au régime. Plusieurs membres de sa famille y trouveront aussi un refuge intellectuel et moral : ses cousins Heini

---

[7] DÖNHOFF Marion Gräfin, *Was mir wichtig war*, p. 37

[8] HARPPRECHT Klaus, *Die Gräfin*

Graf Lehndorff (le futur résistant exécuté par les nazis) et aussi le chirurgien Hans Graf Lehndorff, qui réussira à survivre à la terreur nazie et à l'entrée de l'armée soviétique dans Königsberg.

Après guerre la comtesse gardera cette relation innée à la religion. Il lui arrivera souvent d'entrer dans une église, tout simplement pour s'y reposer – quitte à s'y endormir en toute confiance et ne pas remarquer que les bancs autour d'elle se remplissent pour un office religieux. C'est ainsi qu'à la Toussaint 1952 elle aura une belle frayeur dans la cathédrale de Trèves, quand elle se réveillera au milieu de fidèles à genoux, face à l'évêque en grande tenue et une vingtaine de religieux[9].

Sur l'île d'Ischia où la fratrie Dönhoff achètera une maison de vacances après-guerre, elle se rendra à l'église à chacun de ses séjours, de même qu'elle gardera l'habitude d'aller à l'église dans la période de Noël[10].

August Karl Dönhoff a à la naissance de Marion, la petite dernière de la fratrie, à peine dix ans encore à vivre. C'est à ses yeux un vieux monsieur. Les enfants doivent relayer la secrétaire du patriarche à la vue défaillante dans la lecture des journaux. Sur son bureau il y a bien sûr les journaux allemands mais aussi The Times, Le Temps et Le Figaro. Ce n'est pas facile pour une petite fille qui sait à peine lire, mais elle ne peut pas toujours s'échapper. Le patriarche est aussi un personnage qui impressionne ses enfants, quand il raconte certains épisodes de sa longue vie. Ainsi, alors qu'il était diplomate à Washington, après un temps assez calme, les Indiens ont enlevé la femme et la fille d'un homme politique local. Le père de Marion est parti avec deux hommes à cheval, a fini par trouver les Indiens et a réussi, après une longue palabre, à ramener les deux femmes.

La mère de Marion, née Ria von Lepel, est de 24 ans la cadette de son époux. Mais elle est déjà quadragénaire à la naissance de sa petite dernière. Elle travaille comme il est d'usage pour les femmes

---

[9] DÖNHOFF Marion Gräfin / BURCKHARDT, *Mehr als ich Dir jemals werde erzählen können*, Lettre de 1952, page 46

[10] Souvenirs de son petit-neveu Friedrich Dönhoff in BUHL Dieter, *Marion Gräfin Dönhoff: wie Freunde und Weggefährten sie erlebten*, p. 389

de son temps et de sa condition de travailler : elle supervise son personnel et elle apporte aide et conseil aux gens des villages alentour. Et surtout, elle est dame de compagnie de l'impératrice. Parmi les grands-parents de la dame, il y avait entre autres des comtes hongrois établis en Croatie. L'Europe n'était pas celle d'aujourd'hui mais elle existait. La comtesse Dönhoff sait broder, peindre, écrire des fables. C'est une dame « *très comme il faut* ». La cour du Kaiser - et après la chute de l'Empire les membres de la maison impériale - sont ses points de repère. Son mari, le vieux comte Dönhoff, qui a longtemps mené une vie libre, est plus décontracté.

La Prusse, voire toute l'Allemagne était une société largement féodale et hiérarchisée. La politique, l'armée, la diplomatie étaient encore entre les mains de l'aristocratie, qui savait se tenir et tenir les rennes. Cet ancien régime avait ses valeurs et ses œillères. La « bonne société » méprisait les femmes adultères ou divorcées. L'écrivain Theodor Fontane l'a magistralement montré dans son roman « Effi Briest ».

Cette société tolérait et assimilait tout en méprisant facilement les Juifs. Hans Magnus Enzensberger le montrera avec beaucoup de finesse des décennies plus tard dans sa biographie du Général Hammerstein[11]. Il ne s'agissait pas d'une particularité allemande, loin s'en faut. Françoise Giroud a écrit dans un éditorial au début des années 1960 : « *L'antisémitisme, ce sanglant snobisme, est une vieille histoire. Une histoire que l'on racontera aussi longtemps qu'il y aura des petit-bourgeois qui se voudraient aristocrates et qui peuvent se ressentir tels – c'est-à-dire riches d'un privilège octroyé de naissance – en méprisant les Juifs de leur pays. C'est commode, ça ne coute rien, et dans certains milieux cela fait même assez distingué*[12] ». Cette facilité intellectuelle et morale était tout le contraire de la façon de penser et de vivre de la comtesse – mais typique d'une partie des aristocrates, bourgeois et intellectuels prompts à faire l'économie de penser, avant et après la tragédie juive du 20e siècle. Alice Schwarzer raconte pour sa part dans sa biographie de Marion Dönhoff que le vieux comte Dönhoff n'hésitait pas à déjeuner avec l'avocat juif Silbermann dans l'un des restaurants

---

[11] ENZENSBERGER Hans Magnus, *Hammerstein*

[12] ADLER Laure, *Françoise*, p. 213

les plus en vue de Berlin, celui de l'hôtel Adlon. Le simple fait qu'on juge utile de relever ce genre de détail, est significatif de l'air du temps.

Les privilégiés, comme la famille Dönhoff, étaient très conscients de leur rang dans la société, mais aussi de leur honneur et de leurs devoirs. Ceux qui ne savaient pas tenir leur rang étaient mis au ban de la société. Cette aristocratie terrienne, cultivée certes, mais pas forcément adepte de joutes intellectuelles, ne savait pas encore qu'elle était condamnée, qu'elle vivait les dernières années d'une Europe qui allait entrer dans la tourmente.

L'aristocratie allemande va survivre à la tourmente, certes. Elle saura garder ses valeurs, ses réseaux, et même son influence dans la vie économique, sociale et politique. Mais l'aristocratie terrienne de la Prusse Orientale n'existera plus après-guerre. Puisque la Prusse Orientale cessera d'exister.

La Prusse Orientale était appelée « Die Provinz », le reste de l'Allemagne « Das Reich ». On se rendait dans « Das Reich », comme ailleurs des Corses vont sur le « continent » ou des Martiniquais vont en « métropole ».

Après la Première Guerre mondiale la Prusse Orientale était coupée du reste de l'Allemagne par le « corridor polonais », une large langue de terre qui donnait accès aux Polonais à la Mer Baltique. Lors des déplacements dans l'immédiat après-guerre il fallait fermer les rideaux des wagons de chemin de fer pour traverser la Pologne. Un tel voyage était toute une expédition.

La petite Marion partage sa chambre d'enfant jusqu'à ses onze ans avec Maria, sa sœur aînée de deux ans, née handicapée. Elles ont la même gouvernante Aleh. Lorsque cette sœur trisomique atteindra l'âge adulte, elle sera placée dans un foyer de l'institution Bethel. Mais, apprenant que les nazis pratiquent l'euthanasie des malades mentaux, l'un des frères se dépêchera de la mettre en sécurité, le temps nécessaire à la maison. Elle mourra plusieurs années après la fin de la Deuxième Guerre mondiale, âgée de plus de 40 ans, dans cette même institution.

Dès qu'ils peuvent échapper aux gouvernantes et précepteurs, les enfants Dönhoff s'éclipsent pour aller jouer avec les garnements du village. Leurs héros et modèles sont empruntés aux romans d'aventures de Karl May. Ces romans sur fond de Far West, dont les deux héros sont le Blanc Old Shatterhand et l'Apache Winnetou, font lire et rêver toute la jeunesse européenne pendant des décennies. Dans leurs jeux, il y a des mauvais tours. Est-ce que les « enfants de bonne famille « apprennent les coups pendables aux gamins du village ou est-ce le contraire ? Cela n'a d'après les souvenirs de Marion Dönhoff pas vraiment d'importance. De toute façon les petits aristocrates sont destinés à commander dans la vie. Ils s'exercent en faisant les quatre cents coups et en acceptant les responsabilités quand il y a « de la casse ». Quand des os sont cassés, par exemple suite à une chute de cheval, il n'est pas question de gémir. Les enfants s'éduquent entre eux à supporter la douleur. Quand une punition tombe, c'est sur les enfants du château. C'est là que Marion commence à apprendre l'art du commandement, qui lui sera bien utile plus tard à la rédaction de « Die Zeit ».

Marion est la plus jeune de la fratrie. Non seulement les adultes croient avoir toujours raison, mais les « grands » la traitent aussi en « petite ». Vexant, certes. Mais elle apprend ainsi à se défendre. Elle est la seule à savoir siffler avec les doigts dans la bouche, na ! Elle gardera cette compétence transmise par le vieux cocher Grenda jusqu'à un âge avancé. Dans sa biographie Alice Schwarzer racontera qu'elle l'a vue et entendue siffler ainsi à la gare de Hambourg, devant les plus hauts « gradés » de « Die Zeit ».

Les interdits sont nombreux. La petite Marion et ses camardes de jeux ont donc tout loisir de passer outre. Et quand une punition tombe, ils ne sont pas à court d'imagination pour la contourner. Ainsi, l'interdiction de monter à cheval pendant plusieurs jours peut être contournée par des chevauchées au petit matin, avant le réveil général de la maisonnée.

Les bêtises sont à la hauteur de la liberté des cousins Dönhoff et Lehndorff. Un jour, il s'en faut de quelques millimètres qu'un jeune cousin ne tue Marion avec un fusil, lors d'une chasse aux canards sauvages en l'absence des parents.

Une autre fois, alors qu'ils jouent tous à cache-cache, son cousin Heini trouve refuge dans l'immense chambre froide de la propriété. Marion l'y enferme par jeu – et l'oublie. Peu avant qu'il ne meure de froid, ses cris sont enfin entendus par une bonne âme qui le sauve. Comme cette bonne âme va rapporter les faits aux parents, Marion a droit à une punition dont elle se souviendra toute sa vie, sans jamais la contester : elle est privée d'aller à Königsberg avec l'une des préceptrices de la famille. C'est la première fois de sa vie qu'elle avait été autorisée à aller au cinéma, pour voir « Metropolis », un film de Fritz Lang, dont tout le monde parle.

L'éducation des enfants du château n'est pas réservée aux précepteurs : « *Nous avions des gouvernantes, mais on ne les prenait pas au sérieux. L'ébéniste, le cocher, le serrurier, c'étaient les gens qui nous ont éduqués*[13]», se souviendra-t-elle. Les enfants apprennent à réparer une automobile, à travailler le bois, et bien sûr à s'occuper des chevaux.

Les chevaux jouent un rôle éminent. Les enfants Dönhoff et leurs cousins sont des cavaliers expérimentés et émérites. Cette passion jouera encore un rôle vital dans la vie de Marion.

A partir de ses 11 ans Marion passe beaucoup de temps avec ses cousins Heini et Sissi Lehndorff, alternativement sur les domaines de Friedrichstein et de Preyl. Ils ont les mêmes jeux, les mêmes habitudes, le même code d'honneur entre cousins. Et à Preyl aussi l'éducation est l'affaire de toute la communauté. Le comte Lehndorff est cavalier et dresseur émérite, très admiré par Marion. Mais là comme à Friedrichstein, les gamins bien nés sont heureux dans la famille du chef cocher Ludolf. Marion aurait dit à Sissi : « *C'est comme Madame Ludolf que nous éduquerons nos enfants. Librement et sévèrement !* ». Cette éducation par une large communauté d'adultes leur donne tôt une notion de la relativité de l'autorité.

Les enfants doivent saluer les adultes en premier, y compris le personnel. Certains d'entre eux, comme le cocher Grenda détiennent une vraie autorité et sont écoutés. Ils savent faire filer droit les enfants des maîtres. C'est le privilège des adultes dotés d'autorité.

Un jour, Toffi, l'un des frères de Marion, traine ses guêtres chez le menuisier. Il profite du fait que l'artisan soit occupé à déjeuner pour se coucher dans un cercueil tout juste terminé. Les compagnons se tordent de rire mais la facétie ne va pas être du goût du maître après son repas. Ni d'une ni de deux, il fiche une raclée au plaisantin. Sa colère retombée, il se demande tout de même s'il n'est

---

[13] SWR / Die Zeit, *Marion Gräfin Dönhoff - Gespräche zwischen 1953 und 1998/ Bücherbar*

pas allé trop loin. Tout de même… Tout de même… Corriger un fils des patrons… Il va donc relater lui-même l'incident à « Son Excellence » (C'est ainsi qu'on s'adresse à la comtesse Ria). Cette dernière le rassure bien vite ; elle trouve sa technique éducative parfaitement appropriée à la situation.

La solidarité prend parfois des allures de tendresse. Ainsi quand les enfants sont envoyés au lit sans diner, parce qu'ils ont fait une bêtise, il n'est pas rare qu'ils trouvent un casse-croute sur leur table de chevet, déposé là par une petite bonne compatissante.

L'ordre hiérarchique n'est pas absolument immuable. Ainsi, le fils du cocher Grenda passera sa thèse et travaillera après guerre à Hambourg. Et Marion se souviendra dans une interview peu avant sa mort qu'il y avait même dans cette province éloignée des contestations de l'autorité établie (souvent menées, d'après elle, par des enseignants qui attisaient l'envie[14] ).

Une fois veuve, la comtesse Ria est secondée par des amis de la famille dans la gestion du domaine jusqu'à ce que son fils aîné Heinrich termine ses études et prenne enfin son rôle de chef de la famille et du domaine à cœur. Elle peut aussi compter sur les subordonnés. Ainsi, quand les nuits d'orage elle est gagnée par l'épouvante, le jardinier principal Krebs se dépêche d'aller au château pour rassurer la comtesse et les enfants, tous rassemblés en pyjama et robe de chambre, en leur racontant des histoires d'autrefois. [15]

Les enfants jouent parfois un rôle d'articulation entre les maîtres et le personnel. Ils peuvent passer des messages en douceur des uns aux autres. Marion Dönhoff se souviendra dans ses conversations avec sa biographe Alice Schwarzer d'une communauté solidaire et interdépendante.

D'ailleurs dans la vie de tous les jours la famille Dönhoff s'attache à ne pas marquer les différences de fortune. Pour les enfants pas question de voyager en première classe, ni même en deuxième classe. Quand ils prennent le train, c'est en troisième classe – par principe d'économie et non par besoin d'économie.

---

[14] DÖNHOFF Marion Gräfin, *Was mir wichtig war*, p. 27

[15] HECK Kilian et THIELEMANN Christian, *Friedrichstein* (contribution de Nicola Dönhoff)

Le train de vie aristocratique est réservé aux grandes réceptions – qui ne manquent pas. Et quand des artistes réputés se produisent à Königsberg, ils viennent en général aussi donner un récital ou un concert à Friedrichstein. Les contrastes entre la vie de tous les jours et ces grands moments sont caractéristiques de la vie des Dönhoff.

Et la proximité avec la frontière russe est propice aux leçons d'Histoire « en direct ». Ainsi, de nombreux réfugiés russes passent après la révolution d'octobre 1917. Certains restent des mois, voire des années à Friedrichstein.

Marion se souviendra avoir passé beaucoup de temps avec ses frères, ses cousins, ses cousines et les gamins des environs. Les jeunes visiteurs, cousins ou enfants des amis des parents Dönhoff, ne sont pas forcément bienvenus. On n'a pas besoin d'eux et ils sont souvent anxieux ou trop bien mis pour jouer avec la petite bande Dönhoff. N'empêche, Marion est sensée savoir s'habiller et se tenir, « comme il faut », dixit sa maman. Ce n'est pas toujours gagné d'avance. Le cocher Grenda soupire alors assez fort pour que la petite sauvageonne s'en souvienne des décennies plus tard : « *Et ça veut être une comtesse ?* ».

A propos comtesse. En 1918, l'Empire allemand s'est écroulé. Officiellement, la noblesse était abolie. Les titres pouvaient être portés uniquement comme un deuxième prénom. C'est la raison pour laquelle on dit Marion Gräfin Dönhoff et non pas Gräfin Marion Dönhoff, Gräfin étant l'équivalent de comtesse. 1918, c'est aussi l'année de l'introduction du droit de vote des femmes en Allemagne, bien avant que ce ne soit le cas en France.

Bien plus tard, Marion se souviendra volontiers des saisons à la campagne, avec les moissons, la chasse, la cueillette des champignons et des framboises, la fabrication des conserves pour l'hiver et les fêtes qui rythment les saisons.

Elle raconte dans « Kindheit in Ostpreussen » les longues journées d'automne à Friedrichstein, propices à la lecture. A 15 ans elle lit tous les auteurs qu'elle trouve dans la bibliothèque familiale : Thomas Mann, Knut Hamsum, Stefan Zweig, Franz Werfel, Leonhard Frank, Hans Fallada, Hugo von Hoffmannsthal, Rainer Maria Rilke et Dostoïevski. « *Mais aucun romancier, aucun poète ne pouvait être plus poétique qu'un matin d'automne, quand on partait à la chasse avant le lever du jour.* [16]» Et dans une interview avec la radio SWR, une radio régionale allemande de service public, elle se souviendra encore à presque 89 ans : « *En Prusse Orientale, vers trois heures, trois heures et demie de l'après-midi, il faisait nuit en hiver. On avait le temps et on lisait beaucoup, pour soi ou à haute voix. On s'occupait des animaux. On vivait près de la nature, avec les animaux.*[17] »

Son frère, puis elle-même quand elle reprendra l'exploitation d'une partie du domaine, s'efforce d'en moderniser les machines et la gestion. Mais bien avant le début de la guerre, à chaque fois qu'une nouveauté est mise en place, on dit, mi-figue, mi-raisin : « *C'est les russes qui vont être contents.* » En effet, pour eux il est clair que « *l'autre taré* » (autrement dit Adolf Hitler) allait déclencher la guerre et les emmener tous à leur perdition. Ces grandes familles ont le sens de l'Histoire.

Les cousins Lehndorff, qui ont leur château de Preyl dans le voisinage, à quelques dizaines de kilomètres de Friedrichstein, ne sont pas en reste. Leurs archives et greniers regorgent de correspondances historiques racontant l'Histoire par le lorgnon prussien. Ces lettres, dont une grande partie a pu être sauvée, racontent aussi les passages destructeurs des armées, par exemple napoléoniennes et tzaristes dans la grande plaine du nord de l'Europe. Par contre, les archives de Friedrichstein vont partir en fumée à l'arrivée de l'armée soviétique.

L'idéal des enfants Dönhoff – est-ce vraiment une plaisanterie ? – est quand ils seraient vieux, un jour lointain de rejeter les maris et épouses et d'emménager tous sous un même toit pour recréer ainsi la fratrie.

On l'a dit : l'aristocratie prussienne avait le sens des valeurs et des responsabilités. L'aîné des fils héritait du domaine, dans l'esprit d'une responsabilité plus que d'un héritage. Les autres garçons avaient droit à des études qui leur permettraient de subvenir à leurs besoins et de garder leur rang dans la société. Les filles avaient droit à

---

[16] DÖNHOFF Marion Gräfin, *Kindheit in Ostpreussen*

[17] SWR / Die Zeit, *Marion Gräfin Dönhoff - Gespräche zwischen 1953 und 1998*

une dot. Devenus âgés, les oncles et tantes pouvaient de nouveau être pris en charge sur le domaine.

C'est dans cet esprit de transmission d'un patrimoine que le château de Friedrichstein est entièrement rénové par le frère aîné de Marion. Les travaux seront terminés juste avant le début de la Deuxième Guerre mondiale. Esprit de transmission, certes. Mais Heinrich a aussi une vraie passion pour l'art en général et le théâtre en particulier. Dans ses jeunes années il profite largement du Berlin des Années folles, entouré d'artistes et souvent rejoint par ses jeunes frères et sœurs admiratifs.[18]

En 1957, longtemps après avoir perdu ce domaine et peu après s'être installée dans une petite maison confortable d'un quartier résidentiel de Hambourg, louée pour elle par « Die Zeit », Marion Dönhoff écrira à son ami, le diplomate suisse Carl Jakob Burckhardt :

« *J'habite depuis deux mois maintenant dans la drôle de petite maison, dont tu as récemment pu voir la construction. D'une certaine manière, je m'y sens déjà « chez moi », prends plaisir à écouter la fontaine, à sentir le foin frais des prairies environnantes, j'apprécie le calme et les bons soins de la fidèle Madame Weber – cette existence a pourtant quelque chose de déconcertant pour moi.*

*Je ne sais pas à quoi cela tient. Il m'arrive de penser : Quelle idiotie qu'une telle maison et tout un jardin soient réservés à mes seuls bénéfice et plaisir, d'une seule personne donc, qui vit pour elle-même et n'est plus le maillon d'une chaine.*

*Je n'aurais jamais pensé qu'il fallait d'abord apprendre la vie bourgeoise, cette façon de se prendre au sérieux, de prendre soin de soi et de donner de l'importance à sa propre existence éphémère. Je trouve ça assez pénible et un peu embarrassant. Toujours est-il que je trouvais beaucoup plus facile, en tant qu'administrateur et vassal, d'habiter pleinement Friedrichstein, avec ses 3 salles à manger et six salons ainsi que les 20 000 arpents de terres que cette maisonnette avec ses deux chambres et 2000 m² de jardin.* [19]»

---

[18] HECK Kilian et THIELEMANN Christian, *Friedrichstein* (contribution de Nicola Dönhoff)

[19] DÖNHOFF Marion Gräfin / BURCKHARDT Carl Jacob, *« Mehr als ich Dir jemals werde erzählen können"*, p. 125

De même, elle restera toujours la comtesse. Ses collègues l'appelleront respectueusement familièrement « Gräfin ». Mais elle aura l'habitude de signer ses lettres Marion Dönhoff. Ce n'est pas de la schizophrénie, c'est un art de vivre.

Les grands propriétaires prussiens n'étaient pas seulement propriétaires. Ils étaient aussi des chefs d'entreprise, qui géraient eux-mêmes leurs entreprises agricoles. Ils étaient patrons de leur personnel, dont eux-mêmes dépendaient. Les nobles et les manants se connaissaient et se côtoyaient souvent depuis des générations, d'où un respect mutuel et un paternalisme de bon aloi. Marion Gräfin Dönhoff gardera toute son existence cette attitude, mélange de distance polie et de respect serviable pour tous.

L'enfance de Marion se termine avec une tragédie privée. Ses cousins Heini et Sissi Lehndorff ayant été envoyés suivre leur scolarité dans des internats, une autre parente est accueillie à Friedrichstein, pour suivre l'enseignement privé.

Quelques mois plus tard, début septembre 1924 - Marion a 15 ans - une partie de la famille passe une belle journée sur une plage de l'élégante station balnéaire de Cranz, sur la Baltique, au nord de Königsberg. Au retour, les deux voitures de l'excursion se suivent de près : dans la première les adultes, dans la deuxième, conduite par un chauffeur, les enfants et les adolescents. A cause d'un orage qui enlève toute visibilité, la deuxième voiture chute dans le fleuve Pregel (appelé aussi Pregolia en français). Le chauffeur et trois des jeunes passagers réussissent à s'en sortir, choqués mais vivants, la dernière étant Marion. Elle ne sait pas nager mais elle réussit à se libérer de la voiture, à se hisser à la surface, à nager comme un petit chien. Enfin, elle se laisse hisser avec le manteau de son grand frère sur la berge. Elle n'apprendra jamais à nager et n'aimera jamais l'eau. Deux autres jeunes, dont sa « camarade de classe » ne pourront pas être sauvés. Leurs corps seront sortis des heures après de l'eau.

Après l'enterrement des deux victimes, Marion est envoyée en pensionnat à Berlin. L'intention est louable : l'aider à surmonter le choc et rattraper son retard scolaire. A l'examen d'entrée au lycée elle fait 33 fautes en dictée de français. La dissertation d'histoire est une catastrophe et l'examen de mathématiques guère mieux. Les enseignants sont horrifiés mais préfèrent croire que ces résultats calamiteux sont dus au choc qu'elle vient de subir. Elle déteste ce pensionnat où tout est soit prescrit, soit proscrit – et elle le fait savoir et sentir au personnel. Le style de l'enseignement pratiqué est aux antipodes de la liberté à laquelle elle a été habituée. Mais elle sait tirer profit de la situation pour rattraper son retard scolaire.

Grâce à son fort caractère et au soutien de ses frères, la comtesse mère l'autorise au bout de un an à intégrer un lycée de garçons à Potsdam, où elle loge chez des parents. La jeune fille se fait vite respecter par ses 18 camarades de classe masculins. Etre seule parmi une bande de garçons, c'est la constellation sociale qu'elle connaît bien et qui lui réussira jusqu'à la fin de sa longue vie. Trois ans après, en 1928, elle passe son baccalauréat, qui va lui ouvrir les portes de l'université.

Marion est la première femme de la famille à passer son baccalauréat et à faire des études supérieures.

Sa mère trouve saugrenu qu'une fille veuille faire des études. Elle aurait préféré que Marion apprenne quelque chose d'utile, comme faire la cuisine, tenir une maison. Conseil de famille : grâce au soutien des aînés, elle obtient son accord. « *Mais de toute façon je l'aurais fait* [20]», dira-t-elle plus tard.

Avant de l'autoriser à aller à l'université, Ria comtesse Dönhoff pose cependant comme condition que sa fille cadette passe un semestre dans une école ménagère pour jeunes filles de la bonne société, une « finishing school » en Suisse, près de Saint Moritz. Marion s'exécute, mais elle dira de nombreuses décennies plus tard à sa nièce Christina qu'elle n'y a rien appris, et surtout pas à faire la cuisine.

---

[20] SWR / Die Zeit, *Marion Gräfin Dönhoff - Gespräche zwischen 1953 und 1998*

## Voyages initiatiques

Avant de commencer ses études, la jeune aristocrate fait d'abord ce que beaucoup de jeunes bacheliers allemands font, quelles que soient leurs origines, aujourd'hui encore : elle part en voyage. Il serait plus juste de dire en voyages, au pluriel.

La principale récompense familiale pour le baccalauréat étant un voyage à Rome. Marion y va avec sa mère. Alors que l'ancienne dame de compagnie de la dernière impératrice allemande voyage en se fiant au « Baedeker », le guide germanophone classique de tout voyageur cultivé, la jeune Marion préfère aller à la découverte et n'hésite pas à commenter librement ce qu'elle voit, relève Klaus Harpprecht, qui a dépouillé toutes les archives concernant Marion Dönhoff pour sa biographie « Die Gräfin ».

Du 16 septembre au 11 novembre 1929, Marion voyage aux Etats-Unis en compagnie de son amie Beatrice von Riedemann. Elle a rencontré Béatrice, dont le richissime père est directeur de la Standard Oil Company, à la « finishing school » helvétique. C'est un véritable tour de l'Amérique du Nord, dans le luxe certes, mais avec un but clairement éducatif et culturel, que font les deux jeunes filles : New-York, Buffalo, Chicago, Little Bighorn River, Yellowstone Park, Banff dans les Rocheuses, Vancouver, San Francisco, Los Angeles, Grand Canyon, avec de nombreuses visites et de belles chevauchées. Nous avons vu que les enfants Dönhoff voyageaient en 3e classe en Prusse Orientale et on aura souvent l'occasion de vanter la modestie du train de vie de la comtesse Dönhoff. En attendant, elle voyage dans un wagon privé avec une amie. Les deux gamines sont servies par du personnel noir, pendant que le monde s'enfonce dans la grande dépression économique. On retrouve ces contrastes tout au long de la vie de Marion Dönhoff.

Christoph Dönhoff, l'aîné de Marion de trois ans, Toffy pour les intimes, est parti au Kenya suite à des différends avec sa mère et le frère aîné Heinrich à propos de son amour pour une roturière. Il est intelligent, beau gosse, tête brûlée. Dès qu'il s'est un peu installé en Afrique, il y invite sa petite sœur, qui ne se le fait pas dire deux fois.

Heinrich l'accompagne jusqu'à Gênes, où elle prend le bateau peu avant Noël 1930 pour Mombassa et Nairobi, puis la ferme de Toffy.

Alors qu'en Amérique, elle avait voyagé chaperonnée et dans le luxe, en Afrique, son frère Toffy n'a de toute évidence pas envie de se compliquer la vie. Il n'est pas allé la chercher au port mais il l'emmène à un safari de dix jours. Heureusement, la jeune comtesse prussienne sait tenir un fusil et aime la nature et la chasse. Elle est fascinée par les traces de lions, d'antilopes, de gazelles, et par les troupeaux d'éléphants. Elle tue des antilopes, des marabouts, des hyènes. Une nuit où elle garde le campement, elle pense tirer sur une hyène. Mais non, c'est un léopard. La jeune chasseresse se laisse photographier avec son trophée, pleine de fierté. « *C'était le comble de tout le safari, cette nuit. Un léopard, c'est beaucoup plus rare qu'un lion. Il y a des gens qui sont ici depuis des années et n'ont jamais vu un léopard et celui–ci est particulièrement fort d'après ce qu'ils disent tous* [21]», écrit la jeune fille de 21 ans dans son journal. C'est seulement après-guerre qu'elle se détournera de la chasse.

Alice Schwarzer a demandé à Marion Dönhoff, si elle avait eu envie de rester en Afrique : « *C'était très beau là bas, mais l'apartheid était omniprésent et m'énervait. De plus, les blancs que j'y ai rencontrés me paraissaient très bornés et arriérés. Certes, ils se sont occupés des noirs, mais ils les traitaient en animaux domestiques*[22] ».

Parmi les cadeaux pour son baccalauréat, en 1928, la jeune Marion avait aussi reçu un appareil photo, plus exactement un Leica. Pas question d'emmener les négatifs chez un photographe. Les premières photographies montrent Friedrichstein. Il y a bien sûr l'élégant château et le parc mais aussi les ouvriers agricoles aux champs, à la pêche ou en excursion, les allées de chênes, les chemins de terre. La jeune fille, que la technique ne rebute aucunement, développe ses photographies elle-même, à Friedrichstein. Ces clichés ont pu être préservés, car envoyés avant la débâcle par la comtesse vers l'ouest de l'Allemagne. Elle les préservera dans une vieille valise

---

[21] DÖNHOFF Marion Gräfin, *Ein Leben in Briefen*, p. 48

[22] SCHWARZER Alice, *Marion Dönhoff*, p. 101

sous un lit à Hambourg. Son petit-neveu Friedrich les publiera en 2004 dans un très bel album[23].

Les photographies du premier grand voyage de Marion et de sa sœur aînée Yvonne font également partie de cet étonnant album de voyageuse et d'aventurière. Car le premier grand voyage indépendant est une authentique aventure. Elles partent avec un Cabrio Sports de la marque Röhr. D'après Friedrich Dönhoff, ce petit bijou a été fabriqué en 1400 exemplaires entre 1934 et 1936.

Marion et Friedrich en parleront en décembre 2001, peu de temps avant la mort de la comtesse :

*Friedrich Dönhoff : Tu as beaucoup voyagé dans ta vie. Est-ce que tu te souviens de ton tout premier voyage ?*

*Marion Dönhoff : C'était juste après mon baccalauréat – j'ai fait tout le tour de la Baltique avec Yvonne. C'était une tout autre façon de voyager à l'époque. Nous sommes parties avec ma première voiture, une voiture de sport blanche, avec des sièges rouges. C'était toujours une sensation, quand on nous voyait, les deux femmes rouler seules avec ça. Yvonne avait neuf ans de plus que moi et était déjà mariée, et son mari était touchant. Bien sûr, il était indigné à l'idée que nous partions seules en voyage, mais il l'a laissée faire.*

- *Une fois, vous êtes même allées jusqu'en Albanie – c'était l'idée de laquelle de vous deux de sillonner les Balkans ?*
- *Ah, Yvonne et moi nous sommes mutuellement montées la tête. Et de toute façon, seule on n'aurait jamais pu le faire.*
- *Comment faisiez-vous pour l'essence ?*
- *C'était très difficile. Il fallait très exactement savoir quand et où il y aurait de nouveau une pompe à essence ; il n'y en avait que peu à l'époque. Bref, il fallait bien se préparer. Et puis, malgré tout, tout se passait autrement que ce qu'on avait imaginé.*
- *Vous avez fait comment, pour l'argent ?*
- *J'avais bien sûr toujours notre argent en liquide sur moi, dans une enveloppe. Je glissais cette dernière la nuit sous mon oreiller. Et un matin, lorsqu'Yvonne et moi voulons démarrer, j'entends la patronne crier mon nom. Je me retourne et là je la vois qui se penche par la fenêtre et me fait signe avec l'enveloppe dans la main ….*

---

[23] DÖNHOFF Marion Gräfin / DÖNHOFF Friedrich, *Reisebilder*

- *Tu aimais voyager ?*
- *Oh oui, je trouvais ça passionnant. C'était une aventure à l'époque – à cause des surprises, par exemple quand la voiture tombait en panne, là où il n'y avait rien… Cela ouvrait de toutes nouvelles perspectives. Des événements qui arrivent par surprise nous apprennent beaucoup sur les pays et les gens et l'art de vivre.*
- *Est-ce que le fait de voyager était quelque chose de normal pour les Dönhoff de Prusse Orientale ?*
- *Oh oui. Ils étaient tous connus pour ça. Et à la maison, il y avait toujours la terrible incertitude de la famille : quand est-ce qu'il revient ? Ne lui est-il rien arrivé ? Peut-être n'est-il déjà plus en vie ? Il se passait des mois, avant qu'une de ces « bouteilles à la mer » arrive de quelque part. Evidemment, il n'y avait pas encore de téléphone.*[24]

C'est intéressant de se demander, si le monde est plus compréhensible depuis que nous en connaissons tellement plus de détails, ou si le monde est toujours aussi incompréhensible ? Est-ce qu'on apprend à mieux connaître le monde par les voyages ou pas ? Ce qui paraît évident, c'est que Marion Dönhoff a appris très jeune à voyager, à découvrir, à se débrouiller dans la vie. Le château familial va brûler, mais personne ne pourra la dépouiller des connaissances et des compétences acquises lors des voyages effectués pendant sa jeunesse. Elles lui seront vitales à la fin de la guerre et utiles tout au long de sa longue vie.

---

[24] Dönhoff Marion Gräfin, *Reisebilder*, p. 56

## Études à Francfort et Bâle : la « comtesse rouge »

Marion Dönhoff étudie d'abord, à partir de 1931, à l'université de Königsberg. Elle est inscrite en économie, mais suit aussi des cours de droit et d'histoire. Ensuite, elle impose encore sa volonté, aidée par les circonstances : « *Je voulais faire des études d'économie à Kiel* [dans le nord de l'Allemagne] *parce que le professeur qui enseignait l'économie là-bas me paraissait être le meilleur. Or, pour ma famille, Kiel était la ville du soulèvement des matelots. J'étais encore très mécontente du refus quand j'ai appris que le professeur en question était appelé à Francfort. Je me suis donc inscrite à Francfort* », dira-t-elle plus tard[25].

Elle poursuit ses études d'économie pendant deux ans à l'université de Francfort. Elle va aux cours mais elle s'intéresse à toute la vie autour, surtout à la vie politique. Elle admire les communistes, qui essayent encore de résister, sans partager leur idéologie. « *J'étais attirée par les rouges, parce que eux seuls menaient sérieusement et sans compromission le combat contre les nazis* », dira celle qui à Francfort est vite surnommée la « comtesse rouge ». Ce surnom lui restera, même si elle s'éloigne bien vite des marxistes.

De Francfort, où ses cousins et amis Heini et Sissi l'ont rejointe, elle gardera quelques bons souvenirs. Marion qui a toujours aimé les voitures y partage une vieille Opel cabriolet avec Heini.

Quand la dictature nazie rend l'air irrespirable dans les universités allemandes, l'étudiante Marion Dönhoff quitte Francfort : « *En 1933 – j'avais 23 ans – j'ai quitté l'université de Francfort, car dès les premières semaines 90 professeurs chargés de cours, qui étaient Juifs ou socialistes, ou les deux à la fois, ont dû quitter leurs postes.* », racontera-t-elle à diverses occasions. De plus, les camarades communistes ou socialistes, qui, comme elle, ont pris au sérieux la montée du nazisme, ont déjà fui ou ont été poussés hors de l'université. Parmi eux il y a l'historien Ernst Kantorowicz, qui aurait pu rester dans un premier temps, ayant été soldat dans l'armée allemande pendant la Première Guerre mondiale, mais qui a préféré quitter l'université et s'exiler aux

---

[25] SWR / Die Zeit, *Marion Gräfin Dönhoff - Gespräche zwischen 1953 und 1998*

USA. Son étudiante Marion reprendra contact avec lui dès la fin de la guerre.

Elle continue ses études à Bâle, dans le nord-ouest germanophone de la Suisse, dans le coin des trois frontières franco-germano-suisse. Elle y trouve de nombreux autres étudiants critiques et prêts à discuter : des communistes allemands, des national-socialistes autrichiens, des Juifs, des opposants italiens.

Après un an elle propose au Professeur Edgar Salin d'écrire une thèse sur le marxisme, le thème qui pour le moment l'intéresse le plus. Plus tard elle écrira : « *Le Professeur a réfléchi un moment : le marxisme ? Hmmm .... Et il a tranché : « Il y en a d'autres qui en savent certainement plus que vous là-dessus. De votre part je préfèrerais de loin avoir une étude sur la naissance du domaine de votre famille en Prusse Orientale et la manière dont il a été géré au cours des siècles.*[26] » C'est au tour de la jeune prussienne de réfléchir vite et de trancher. L'Histoire économique de la Prusse Orientale ? Hmm ... C'est le printemps, son cheval l'attend ... Elle tranche : Le professeur a raison !

Une fois attelée à la tâche, la doctorante se rend compte de son immensité. Les six premiers mois elle les passe à ranger les archives familiales de Friedrichstein. Les derniers qui se sont intéressés aux livres de comptes, contrats et autres papiers familiaux, ne s'étaient penchés que sur la généalogie, et c'était il y a 80 ans. Sa mère et le personnel se demandent si elle ne va pas étouffer sous la poussière.

Au bout de neuf mois, tout est rangé, étiqueté, listé. Ensuite elle se rend aux archives de Königsberg, pour y lire des manuscrits remontant jusqu'au 14e siècle. Le cercle de ses recherches s'élargit, mais elle reste dans son sujet.

Au loin, à Bâle, le Professeur commence à se demander, quand il verrait les premiers chapitres. Une thèse sur le jeune Marx serait terminée depuis longtemps, peste de son côté parfois l'étudiante, même si elle a la satisfaction d'assembler une immense connaissance sur l'histoire de sa famille.

Elle comprend à quoi servaient les vieux filets avec lesquels les enfants de la maisonnée avaient l'habitude de jouer au grenier : à la chasse aux loups, qui au 18e siècle encore était une obligation pour

---

[26] Dönhoff Marion Gräfin, „Wirtschaftswunder vor 200 Jahren", in *Namen, die keiner mehr nennt*

les paysans. Elle trouve aussi des vestiges des activités de juges locaux de ses aïeux, témoignages des drames de la vie de tous les jours : « *Die Jungfrau Eysenblätter gebar ein uneheliches Kind und hat es ersäufet.*[27] » (La pucelle Eysenblätter a accouché d'un enfant né hors mariage et l'a noyé.) Et surtout elle déroule sur plusieurs siècles les hauts et les bas du développement économique du domaine, suivant les périodes de guerre, de paix, les aléas climatiques et les grandes épidémies. En cas de menace externe, les junkers, descendants des colons qui avaient christianisé le nord-est de l'Europe à la fin du Moyen-Âge, devaient défendre le territoire, que par ailleurs ils géraient. Après la bataille de Tannenberg, en 1410, ils avaient successivement racheté leurs terres aux ordres ruinés.

Le chevalier Hermanus Dönhoff était parti en 1330 de Dunehof sur la rivière Ruhr, en Westphalie, pour aller s'établir près de la Baltique. Vers 1630, à l'occasion d'une charge importante à la cour de Brandebourg, ses descendants s'établirent plus à l'ouest, en Prusse Orientale. C'est le comte Friedrich Dönhoff qui a acheté le domaine de Friedrichstein en 1666 aux chevaliers teutoniques, où la famille va résider jusqu'en 1945.

Au 18e siècle les Junkers ont réussi à reconstruire l'économie dévastée par les guerres et la peste, en partie grâce à l'immigration de réfugiés politiques et religieux, tels que les huguenots. D'après Marion Dönhoff, la Prusse Orientale n'est donc pas majoritairement peuplée de slaves, mais bien d'une population germanique et germanophone établie de longue date. A l'occasion de ses recherches elle peut aussi observer l'interdépendance des économies européenne et nord-américaine au 18e siècle, quand la guerre d'indépendance fait flamber les prix des céréales à Königsberg et Dantzig, données soigneusement notées dans les livres de comptes de Friedrichstein.[28]

Avant la Deuxième Guerre mondiale, la Prusse Orientale était le « grenier à blé » du Reich allemand. On y cultivait du blé, du seigle, de l'avoine, de l'orge, mais aussi des pommes de terre et de la betterave.

---

[27] Dönhoff Marion Gräfin, „Wirtschaftswunder vor 200 Jahren", in *Namen, die keiner mehr nennt*, p. 104

[28] Dönhoff Marion Gräfin, „Wirtschaftswunder vor 200 Jahren", in *Namen, die keiner mehr nennt*

La thèse est finalement intitulée « *Entstehung und Bewirtschaftung eines ostdeutschen Grossbetriebes. Die Friedrichsteiner Güter von der Ordenszeit bis zur Bauernbefreiung."* (Origine et exploitation d'un grand domaine dans l'est de l'Allemagne. Les domaines de Friedrichstein de l'époque des chevaliers teutoniques jusqu'à la fin du servage). L'étudiante a ainsi résumé 600 ans d'histoire familiale sur un domaine qui allait à jamais disparaître. Elle a ordonné et intellectuellement pris possession de cette histoire. Elle a ainsi approfondi ses connaissances de l'Histoire européenne et des lois de l'économie. Elle a également appris à mener à bien une recherche sur un sujet complexe. Au-delà du côté émouvant de ce destin filial et familial, elle s'est donc préparée sans le savoir à son futur métier de journaliste et d'éditorialiste.

## Mettre de l'ordre dans la maison avant le carnage

Heinrich, le frère aîné de Marion, la persuade dès la fin de ses études de ne pas se consacrer à la recherche, comme elle en a le souhait, mais de le seconder dans la gestion des biens familiaux. Tous savent qu'Hitler va les entraîner dans la guerre et que les hommes de la famille seront envoyés au front. La jeune femme apprend donc pendant les quelques années qui leur restent avant la guerre le métier de chef d'entreprise.

La Prusse Orientale est la terre des grands propriétaires terriens. Les domaines de plus de 100 hectares recouvrent 39,2 % des surfaces utiles agricoles (contre 20,2 % dans le reste du pays). En 1925, plus de la moitié des surfaces agricoles appartiennent à seulement 1,9 % des entreprises agricoles. Burggraf zu Dohna-Finckenstein possède 9499 hectares, Fürst zu Dohna-Schlobitten 8383 ha, Graf Lehndorff-Steinort 6704 ha. 6215 ha sont aux mains de Graf Dönhoff-Friedrichstein et 9907 ha appartiennent à la fondation de Quittainen. Les Dönhoff font partie des grandes familles qui gèrent plus de 100 km$^2$ (1 km$^2$ équivaut à 100 ha)[29]. Ces familles sont socialement et intellectuellement aussi éloignées des « gros propriétaires » que ceux-ci des paysans qui s'échinent sur leur lopin de terre.

Alors que jusque là le domaine de Friedrichstein a surtout été la base de vie de ses « grand seigneurs » qui laissaient la gestion opérationnelle à un administrateur, Heinrich, représentant la 18e génération, vit plutôt en Gutsherr d'une exploitation agricole. Les Anglais diraient un gentleman farmer. Il fait entrer la modernité à Friedrichstein en s'immergeant dans les nouvelles connaissances sur l'élevage, les semences, les engrais, la mécanisation, les finances. Des tableaux de chiffres et des graphiques sont épinglés aux murs de son bureau. Heinrich fait en même temps restaurer complètement le palais d'une cinquantaine de pièces construit au début du 18e siècle selon les plans de l'architecte Jean de Bodt. Le huguenot avait fui la

---

[29] KOSSERT Andreas, *Damals in Ostpreussen* (Adreas Kossert cite lui-même les chiffres d'une étude de Dieter HERTZ-EICHENRODE, parue en 1969), p. 91

France suite à la révocation de l'édit de Nantes, tout comme Jean de Collas, le maitre d'œuvre du palais. Pour financer la rénovation et modernisation Heinrich a vendu quelques objets d'art et fait venir l'un des meilleurs historiens de l'art de Berlin, où pendant sa jeunesse il a fréquenté le monde des artistes. Les Gobelins, qui avaient été tissés pour Friedrichstein au 18e siècle en Flandre, sont nettoyés. Les appartements royaux, qui ont de tout temps toujours été prêts à recevoir un roi ou un empereur, sont rafraichis. Tous les rois de Prusse, à l'exception de Frédéric le Grand, sont venus plusieurs fois à Friedrichstein. Ils devaient se sentir chez eux dans cette résidence royale. Mais aucun dignitaire national-socialiste n'a jamais franchi le seuil de Friedrichstein, soulignera plus tard Marion Gräfin Dönhoff.[30] Pour le début de la Deuxième Guerre mondiale, les travaux sont finis.

A posteriori, on peut se demander, avec une certaine ironie, si le frère et la sœur n'ont pas mis de l'ordre dans la maison pour terminer dignement 600 ans d'histoire familiale avant que le château, avec les meubles, bibelots et archives ne soit la proie des flammes fin janvier 1945.

Heinrich se marie en 1938 avec la très jeune comtesse Dorothea von Hatzfeldt, âgée de vingt et un ans. Il a connu Dodo, c'est son surnom, chez des amis juifs, les Goertz. Le fils des Goertz passera d'ailleurs la guerre caché à Friedrichstein, où seuls les châtelains connaissent son identité[31]. Dodo est une jeune aristocrate mais une catholique rhénane. Et elle a bien l'intention d'éduquer ses futurs enfants dans la religion catholique. Pour la famille Dönhoff il n'est par contre pas pensable que les héritiers de Friedrichstein adoptent un jour la religion catholique. Heinrich va donc renoncer à son héritage et à la responsabilité de Friedrichstein au profit de son frère Dieter, qui gère déjà l'exploitation de Skandau.

Dans le même registre, Christoph, dit Toffi, a aussi maille à partir avec sa famille. Lui veut épouser une roturière, ce qu'il fait après s'être exilé en Afrique. A cette époque, dans les grandes familles de l'aristocratie terrienne, on pouvait à la limite tolérer

---

[30] DÖNHOFF Marion Gräfin, *Stets blieb etwas vom Geist des Ordens*, p. 186

[31] HECK Kilian et THIELEMANN Christian, *Friedrichstein* (contribution de Nicola Dönhoff)

qu'une vieille fille très pieuse épouse un pasteur, sans se déshonorer ou perdre son rang. Mais on ne plaisantait pas avec les mésalliances.

Marion et ses frères gèrent la propriété familiale ensemble mais ne vivent pas sous le même toit. Marion se retire à Quittainen, où elle n'habite pas dans la maison de maître, occupée par un oncle fervent nazi, mais dans celle du gérant. Aucun dignitaire nazi n'a mis les pieds dans le palais de Friedrichstein, certes. Mais quand une famille possède plusieurs demeures, on peut avoir des surprises d'un château à l'autre.

Quand elle n'est pas à cheval Marion conduit volontiers une BMW décapotable pour aller d'une propriété à une autre, distantes de 120 kilomètres. Quand l'essence se fera rare, elle enfourchera une moto.

Le domaine de Quittainen était autrefois colonisé par les borusses (autrement dit, prussiens baltes ou vieux-prussiens), avant d'être pris par ceux qui deviendront les prussiens germaniques suite à la conquête des chevaliers moines de l'Ordre teutonique. Plus près de nous, il appartenait aux Dönhoff depuis 1744. Comme tous les onze enfants de Philipp Otto Graf Dönhoff et de son épouse Maria Amalia, née zu Dohna-Schlodien, sont morts en bas âge, ils avaient transformé après 1771 ce domaine en une fondation pour des œuvres de bienfaisance, dont un hospice qui a fonctionné jusqu'en 1945. Le domaine était ainsi à l'abri d'un démembrement. La branche de la famille Dönhoff installée à Friedrichstein a assuré presque en continu l'administration de la fondation à laquelle appartenaient 2500 ha de terres et onze villages. Marion Gräfin Dönhoff en aura été le dernier curateur. La famille Dönhoff assurait aussi le patronage de la petite église, construite en 1714-1719 près du château, jusqu'à l'arrivée de l'Armée rouge en 1945. Quittaien est alors un village modèle qu'on vient visiter de loin pour sa modernité. Tatjana Gräfin Dönhoff, la petite-nièce de Marion, qui refera le voyage d'est en ouest sur les traces de sa grand-tante, soixante ans après elle (mais en voiture et en temps de paix), relèvera que dès avant guerre les maisons des ouvriers agricoles de Quittainen avaient l'électricité et l'eau chaude courante[32].

---

[32] DÖNHOFF Tatjana Gräfin / RÖTTGER Jo, *Weit ist der Weg nach Westen*, p. 22

Heinrich, qui avait survécu à la Première Guerre mondiale, où il s'était engagé à 17 ans, tombe pendant la Deuxième Guerre mondiale, à 42 ans sur le front russe. Plus exactement, il meurt dans un accident d'avion. Il laisse une jeune veuve qui va très vite retourner chez ses parents au château de Crottorf dans le Palatinat, une demeure massive entourée depuis 1542 de larges douves. Elle emmène ses trois enfants, mais aussi des objets d'art, dont le plus beau Gobelin et des portraits de famille. C'est l'occasion de mettre en sécurité à l'ouest de l'Allemagne une petite partie du patrimoine familial.

Son beau-frère Dietrich (appelé aussi Dieter) et sa belle-sœur Marion envoient également, malgré l'interdiction et le risque de passer pour défaitistes, une partie des trésors de Friedrichstein dans des châteaux amis vers l'ouest. Malheureusement une grande partie de ces trésors sera perdue. En effet, si les Dönhoff sont conscients du risque que l'Armée rouge s'enfonce dans le Reich jusqu'à l'Oder (frontière germano-polonaise actuelle), personne ne pense que l'Armée rouge pourrait aller jusqu'à l'Elbe.[33] Grâce à la famille et aux amis, de nombreux objets et une partie des archives pourront cependant être sauvés et témoigneront de la splendeur de Friedrichstein.

Après la mort de Heinrich, c'est au tour de deux des neveux de Marion de tomber sur le front russe, respectivement à l'âge de 19 et 18 ans. Karl August et Christoph étaient les fils de sa sœur aînée Christa, morte en donnant naissance à son deuxième fils en 1924. Le fils d'Yvonne était tombé parmi les premiers, à l'âge de 19 ans. Marion Dönhoff rappellera en octobre 1981 dans une réponse à une lettre de jeune lecteur que sur neuf hommes de sa famille partis au front, deux seulement sont revenus[34].

Marion avait accepté, après sa thèse passée à Bâle, de rentrer en Prusse Orientale pour pouvoir, pendant la guerre que la famille tenait pour inéluctable, remplacer ses frères. Elle prend la relève comme prévu. L'agriculture garde pendant la guerre une importance

---

[33] Préface de HECK Kilian et THIELEMANN Christian, *Friedrichstein* (contribution de Graf Stanislaus von Dönhoff)

[34] DÖNHOFF Marion Gräfin, *Ein Leben in Briefen*, p. *184*

primordiale pour nourrir les troupes et la population. Les ouvriers agricoles sont en partie remplacés par des prisonniers de guerre. A Quittainen il y a par exemple des prisonniers français qui travaillent dans le potager. Les prisonniers ont le « privilège » d'être plutôt bien nourris dans les fermes – ne serait-ce que parce qu'on a besoin de leur force. A Quittainen la patronne est plutôt bienveillante mais elle ne peut pas toujours avoir l'œil sur tous les « petits chefs ». Et son ami Hartmut von Hentig qui à l'âge de 19 ans a passé deux mois de convalescence à Quittainen avant de retourner au front, racontera à Klaus Harpprecht que Marion était une patronne juste et humaine mais aussi qu'il n'était pas bon d'être attrapé pour travail bâclé, paresse, indiscipline ou bêtise.

Ces années de guerre autorisent quelques moments de détente, déjà nostalgiques, sachant que la terreur brune ne pourra que se terminer en cataclysme national et personnel.

Marion Gräfin Dönhoff relate en 1941 à son frère Dieter l'une de ces parenthèses douces amères, une excursion de 200 kilomètres à cheval avec Sissi Lehndorff. Sissi, cousine et amie d'enfance de Marion, et Dieter sont mariés et ont déjà trois enfants. Marion décrit dans sa longue lettre les paysages, compare en connaissance de cause les forêts et champs traversés et présente les gens rencontrés, dont les gardes forestiers qui les hébergent. Mais la tragédie en cours ne peut pas se faire oublier. A commencer par la gare d'Allenstein, où les deux cousines croisent des soldats en permission. Relatant une belle promenade au clair de lune, elle écrit le 28 septembre 1941 : « *Comme c'est étrange de penser que la même lumière qui baigne le silence et la solitude de ces forêts surplombe les champs de bataille ensanglantés de Russie.* [35] » Des heures durant, elles traversent des forêts sans rencontrer âme qui vive. Puis elles prennent un bac pour traverser l'un des innombrables lacs de la région avant d'arriver à Nikolaiken. Là, alors qu'elle pense à Avignon, elle voit arriver un prisonnier de guerre français, qui chantonne derrière deux vaches. Entre les nombreux lacs, souvent reliés entre eux, elles voient ceux qui ne sont pas à la guerre, femmes, enfants, vieillards et prisonniers de guerre occupés à la récolte des pommes de terre. Les pauses dans les

---

[35] DÖNHOFF Marion Gräfin, *„Ritt durch Masuren"*, dans *Namen die keiner mehr nennt*, p. 59

clairières sont des moments propices à la rêverie et à l'inventaire des souvenirs pour mieux les garder pour plus tard. C'est dans une forêt de bouleaux qu'elle pense à la confirmation des huit fillettes et six garçons dans la petite église de Quittainen. Dans une vision prémonitoire elle se dit tout d'un coup qu'aucun de ces garçons ne reviendra devant l'autel et que la plupart des jeunes filles resteront seules. Ce sera bien pire, mais elle ne peut pas encore savoir que la guerre réserve ses pires horreurs à ces jeunes villageoises. Après cinq jours à cheval, les deux cousines passent l'allée de vénérables chênes qui mène à Steinort, domaine de la famille Lehndorff.

La narration de ce bonheur nostalgique de septembre 1941 en Mazurie deviendra un classique de la littérature allemande d'après-guerre. On peut y voir la douleur précédant la perte de la patrie et l'acceptation de cette douleur comme un juste châtiment. Ces pages sont d'autant plus belles qu'on connaît l'engagement des Dönhoff et des Lehndorff contre la dictature nazie et celle plus tard de Marion Dönhoff pour la réconciliation germano-polonaise.

Ces souvenirs doux-amers et cette acceptation du châtiment politique qu'est la perte de sa patrie, sont exprimés par Marion Gräfin Dönhoff avec beaucoup de sensibilité pendant et après la guerre. On retrouve cette attitude chez Freya von Moltke, la veuve de Helmuth James von Moltke, exécuté après l'attentat manqué du 20 juillet 1944 contre Hitler. Dans ses souvenirs parus en 1997 elle aussi décrit les promenades bucoliques près du domaine de Kreisau, dans une nature restée rieuse et généreuse[36].

---

[36] MOLTKE Freya von, *Erinnerungen an Kreisau*

## Résister à la horde brune

Les historiens et politologues n'ont pas fini de débattre sur le rôle des junkers, les grands propriétaires terriens de Prusse Orientale, dans la montée du nazisme. C'est un sujet complexe.

L'historien Andreas Kossert en explique ainsi l'une des raisons[37]: la politique prussienne du Reich à partir de l'été 1933 a offert à la province septentrionale d'abord une prospérité sans précédent avant le désastre. Les agriculteurs ont durablement profité d'une garantie de vendre leur production, ce qui leur a permis de se désendetter et de se moderniser.

En même temps la région était germanisée à marche forcée : Les vieux noms de villes, villages, forêts et lacs disparaissaient pour prendre des noms allemands. Tout ce qui sonnait slave, polonais ou lituanien était débaptisé pour prendre une consonance germanique. Ainsi, peu avant le début de la guerre, l'enseignement théologique protestant en langue polonaise était interdit à l'université de Königsberg et dans la foulée le culte protestant en polonais au temple d'Allenstein. C'était la fin de plusieurs siècles de tolérance linguistique et religieuse. Ce qui dans un premier temps ressemblait à une marotte ridicule, annonçait le rouleau compresseur de la Gestapo qui allait traquer tout ce qui n'entrait pas dans les objectifs du Parti national-socialiste ouvrier allemand, le NSDAP.

La présence des nazis est pesante, parfois aussi ridicule. Ainsi, après la récolte, il est d'usage à Friedrichstein que le contremaître noue la première gerbe de seigle sur le dos du propriétaire des terres. En contrepartie, le comte offre une tournée de bière. Le gauleiter, en visite justement un de ces jours de fête, exige qu'on lui remette la gerbe, sous prétexte que c'est lui, et non le comte, le représentant du führer[38].

La famille Dönhoff n'est pas complètement épargnée par la contagion nazie. Deux des frères de Marion entrent au NSDAP. C'est peut-être tout simplement le reflet statistique de la population

---

[37] KOSSERT Andreas, *Damals in Ostpreussen*

[38] HECK Kilian et THIELEMANN Christian, *Friedrichstein* (contribution Nicola Dönhoff), p. 78

allemande. Mais dans beaucoup de grandes familles une partie des hommes entrait au NSDAP pour protéger le reste du clan. D'autres se débrouillaient pour avoir quoi qu'il arrive leurs entrées chez les puissants du moment et du futur.

L'aîné, Heinrich, refuse d'entrer au parti. C'est Dieter qui se « sacrifie ».

Plus problématique est l'attitude de Toffi (Christoph). Ce frère de Marion est entré au parti en août 1935, à 29 ans, alors qu'il vivait au Kenya. Etait-ce nécessaire ? Ou bien le jeune homme en conflit avec sa famille était-il attiré par la propagande égalitaire du parti ? Après quelques années à Berlin, aux Affaires coloniales du service des affaires étrangères (Auslandsorganisation - AO) du NSDAP, il est muté à Paris. De 1942 à 1944 il dirige le service juridique de l'AO à Paris. Il y est entre autres responsable de la tenue du fichier des émigrés allemands en France et de leur retour en Allemagne.

Dans son livre de souvenirs « Auf Wiedersehen in Paris », publié en 2005, l'émigrante allemande de père juif allemand et de mère arienne française Helga Cazas, née Helga Treuherz, se souvient de Christoph Dönhoff. Il convoque Helga Treuherz une première fois début mai 1943 pour l'informer qu'elle doit rentrer avec sa mère en Allemagne, sans lui dire que c'est pour obliger ses parents à divorcer afin que son père puisse être déporté.[39] Elle réussit à temporiser mais en février 1944 elle est à nouveau convoquée. Elle en appelle au sens de l'honneur du comte, lui demande de l'aider à rester à Paris, sans parler de son père juif. Et effectivement, Christoph Dönhoff lui donne un conseil qui va l'aider à rester en France : « *Mademoiselle Treuherz, ce que je vais vous dire maintenant reste entre nous. Cette conversation n'a jamais eu lieu. Vous m'avez bien compris ? Il y a un moyen d'éviter le renvoi* [en Allemagne]. *Vous devez trouver un travail qui vous rend indispensable pour l'effort de guerre. Au revoir.* [40]»

Christoph Dönhoff aurait travaillé pour la Gestapo[41]. Et d'après Dieter Buhl, l'ensemble des membres de l'AO a été mutée à la Waffen-SS le 30 juin 1944[42].

---

[39] CAZAS Helga, *Auf Wiedersehen in Paris,* p. 98

[40] CAZAS Helga, *Auf Wiedersehen in Paris,* p. 121

[41] CAZAS Helga, *Auf Wiedersehen in Paris* (Notes de Otto Grüter), p. 157

Toffi est muté en 1945 comme vice-consul à Zurich, où il réussit à s'installer avec femme et enfants. Il est donc diplomate au moment de la capitulation allemande. Après guerre, il ne sera pas inquiété. Entre autres activités professionnelles en Afrique du Sud et en Allemagne, il écrira de nombreux articles pour « Die Zeit ». Marion Dönhoff sera très discrète sur l'appartenance de deux de ses frères à la NSDAP. Elle ne la mettra bien sûr pas en avant mais elle ne la condamnera pas non plus. Contrairement à l'oncle Bogislav, qui était infréquentable à ses yeux et qui n'a pas demandé son reste après-guerre : il est allé couler des vieux jours tranquilles à Buenos Aires jusqu'à sa mort en février 1962[43].

Christoph essaiera après-guerre de se reconstituer une existence en Afrique. Il prendra la direction d'une édition sud-africaine de « Die Zeit ». Cette carrière prometteuse finira sur un article de la « petite sœur » Marion, qui ne se gênera pas pour écrire tout le mal qu'elle pense de l'apartheid. Les abonnés germanophones, pour la plupart appartenant à la droite la plus conservatrice, se désabonneront, ce qui tuera l'édition sud-africaine de « Die Zeit ». La famille Dönhoff, y compris Marion, l'aidera à se réinstaller en Allemagne. [44] La grande dame de l'un des meilleurs journaux allemands d'après-guerre, garante de la ligne démocratique et libérale de « Die Zeit » aura donné la priorité à l'éthique journalistique sur l'intérêt de son frère, sans oublier pour autant la solidarité familiale.

Marion sera certes discrète sur l'appartenance de son frère à la NSDAP - mais elle aura l'élégance de ne pas la nier. Au journaliste Fritjof Meyer qui fait une enquête pour l'hebdomadaire « Der Spiegel », elle répondra le 14 aout 1997 : « *Oui, il s'agit de mon frère Christophe et je pense que la plupart des informations sont exactes.*

*En tant qu'Africain – il vivait au Kenya depuis 1929 – qui a connu les débuts du national-socialisme de l'extérieur et qui tout d'un coup était de nouveau respecté en tant qu'Allemand, il était un fervent supporter des*

---

[42] BUHL Dieter, Marion Gräfin Dönhoff – *Wie Freunde und Weggefährten sie erlebten*, p. 25

[43] HARPPRECHT Klaus, *Die Gräfin* , p. 297

[44] HARPPRECHT Klaus, *Die Gräfin* , p. 430

*nazis ; et plus tard, alors qu'il vivait en Afrique du Sud, l'apartheid l'enthousiasmait tout autant.*[45] »

Grande dame à cheval sur les principes démocratiques, certes. Mais aussi petite sœur affectueuse : « *Dans les deux cas nous étions d'avis radicalement différents, ce qui n'a cependant pas nui à notre affection, car il ne mettait jamais d'agressivité à défendre son opinion, mais faisait toujours preuve de tolérance face à mes attaques.*

*Il était quelqu'un d'exceptionnel : bachelier à 16 ans, juriste stagiaire à 21 ans, il a passé sa thèse à 23 ans. Aucun sens des réalités, charmant et beau gosse - « béni des Dieux », disait-on.* [46]» Suivent des salutations chaleureusement confraternelles au collègue du magazine concurrent.

Une partie non négligeable de cette aristocratie abhorrait la dictature nazie et ses représentants. Marion Dönhoff, qui se réclamera toujours de la tradition prussienne, analysera dans son essai « Preussen » l'amalgame entre militarisme, ordre et obéissance prussiens et montée du nazisme. Pour elle, la Prusse a connu une césure importante en 1871 lors de la signature du traité de Versailles. L'esprit qui caractérisait la Prusse d'avant, c'était la sobriété, basée sur la tolérance raisonnée, la raison d'Etat dans une société hiérarchisée et la loyauté sans complaisance. Ensuite, l'esprit de cette province devenue grande puissance a, d'après son analyse, été caractérisé par la perte du sens des proportions, qui s'exprimait par la suprématie du militaire et la confiance aveugle dans la discipline. Elle cite l'écrivain Theodor Fontane, qui a parlé de « *Unheilvolle Verquickung von Absolutismus, Militarismus und Spiessbürgertum* ». (Un mélange fatal d'absolutisme, de militarisme et d'esprit petit-bourgeois). Un grade d'officier de réserve avait fini par devenir une position sociale plus importante que celle d'universitaire, industriel ou aristocrate.

Ces aristocrates ayant eu un rôle économique et politique important, leur implication - ou leur passivité - ne peut pas avoir été négligeable dans la montée du nazisme. Mais leur implication dans la Résistance et le prix que la dictature leur a fait payer, ne doivent pas

[45] DÖNHOFF Marion Gräfin, *Ein Leben in Briefen*, p. 269

[46] DÖNHOFF Marion Gräfin, *Ein Leben in Briefen*, p. 269

pour autant être oubliés. Ils ont fait cause commune avec des militaires, des socialistes, des prêtres et des syndicalistes, qui n'avaient pas oublié non plus les valeurs morales qui leur avaient été inculquées.

La jeune Marion a l'occasion de voir pendant la République de Weimar le futur führer de près. « *C'était l'époque où la démocratie était bouffée par les extrémistes : à droite les nazis, à gauche les communistes. Les grossièretés quotidiennes étaient intellectuellement terriblement inintéressantes. Très peu de gens savaient ce qu'est la démocratie. Tous n'avaient qu'un souhait : voir l'homme fort aux commandes*[47] » confiera-t-elle à Alice Schwarzer.

En 1928, l'année de son baccalauréat, deux camarades de classe lui disent monts et merveilles d'un nouveau parti, le parti national-socialiste, dont ils admirent le dirigeant, un certain Adolf Hitler. Peu après, Adolf Hitler, encore largement inconnu, tient un discours dans une arrière-salle à Berlin. Marion Dönhoff, positivement intriguée par l'association des valeurs « national » et « socialiste », s'y rend. La conclusion de la lycéenne est sans appel ! « *J'étais assise à seulement dix mètres de lui. J'ai enduré de l'entendre bavasser et trouvé son argumentation absolument aberrante. Je ne voulais rien avoir à faire avec ce type*[48] », dira-t-elle plus tard à son petit-neveu Friedrich.

La dictature et la terreur nazie ont vite fait de prendre le pouvoir et de régner par un mélange de résultats économiques d'une part, avec les grands chantiers tels que les fameuses autoroutes, le plein emploi, les croisières par exemple sur le magnifique paquebot « Wilhelm Gustloff », les camps de vacances (une perversion des mouvements de jeunesse des années précédentes) mais aussi, d'autre part, d'intimidation et de terreur. Dans son portrait de Peter Graf Yorck[49], publié en 1996, Marion Dönhoff donne quelques chiffres d'exécutions de condamnés politiques : en 1934 officiellement 53, en 1943 et 1944 plus de 6000 par an. Et il ne s'agit là que des peines capitales, enregistrées comme telles. S'ajoutent à ces victimes tous

---

[47] SCHWARZER Alice, *Marion Dönhoff,*

[48] DÖNHOFF Friedrich, *Die Welt ist so, wie man sie sieht*, p. 12

[49] DÖNHOFF Marion Gräfin, *Um der Ehre willen - Erinnerungen an die Freunde vom 20. Juli*

ceux qui ne sont pas revenus des camps de concentration et des prisons et ceux qui ont été assassinés sans autre forme de procès. La Wehrmacht aurait pour sa part, entre 1933 et 1945, passé près de 25 000 officiers et soldats par les armes. Marion Dönhoff n'aura de cesse de faire de la pédagogie, d'expliquer qu'une fois la dictature installée, il était extrêmement difficile de changer le cours de l'Histoire. La plupart des opposants ont essayé de survivre et d'aider à petite échelle.

Les contacts de Marion Dönhoff avec la Résistance se sont faits naturellement : « *Les premières exactions contre les Juifs, comme la „Nuit de cristal" ou les exécutions à l'Est, nous ont soudés. Hitler devait être mis hors d'état de nuire. Il était clair que seuls les militaires pouvaient le faire. Je faisais partie de ceux qui ont réfléchi à ce que devrait devenir le pays après la chute du nazisme, au sein du cercle de Kreisau*[50]», dira-t-elle plus tard dans une interview.

La Résistance allemande était cloisonnée à l'extrême. Même entre parents et amis très proches, on ne savait pas qui en faisait partie. Sa cousine, amie et belle-sœur Sissi, sœur de Heini Graf Lehndorff ne sait rien du rôle de Marion. Marion Dönhoff racontera plus tard à Alice Schwarzer : « *Je ne pouvais pas dire à mes gens non plus, ce que je pensais vraiment. Cela les aurait terriblement blessés ; Hitler était à leurs yeux le sauveur.*[51] »

Tous ont développé un sixième sens pour savoir en qui ils pourraient éventuellement avoir confiance. Et pour le rôle de Marion Dönhoff, ce sixième sens, sur lequel bien sûr on ne peut jamais entièrement compter non plus, est vital : « *Je pouvais tout de suite voir dans une pièce remplie de gens, qui était nazi et qui ne l'était pas.*[52] » Les réseaux en place avant le 3e Reich et à affichage si possible neutre, favorisent un tant soit peu les activités conspiratrices. Le fait par exemple d'appartenir à l'aristocratie terrienne donne une connaissance et suivant les cas une défiance ou une confiance dans l'interlocuteur. C'est aussi une « couverture » pour se réunir.

---

[50] SWR / Die Zeit, *Marion Gräfin Dönhoff - Gespräche zwischen 1953 und 1998*, 2002

[51] SCHWARZER Alice, *Marion Dönhoff*, p. 145

[52] SCHWARZER Alice, *Marion Dönhoff*, p. 145

La comtesse a un rôle politique. Elle fait le lien entre « Die Provinz », autrement dit la Prusse Orientale, et « Das Reich », autrement dit le reste de l'Allemagne.

Elle est aussi chargée de repérer les intellectuels, les dignitaires, les fonctionnaires, qui après l'attentat devraient être rapidement mis hors d'état de nuire ou au contraire, qui seraient dignes de confiance pour préparer la reconstruction de l'Allemagne. C'est peu dire que c'est une tâche difficile et pleine de risques. Ainsi lorsque Fritz-Dietlof Graf von der Schulenburg lui demande qui pourrait prendre la relève du gauleiter Koch pour diriger la Prusse Orientale après l'attentat en préparation, elle propose Heinrich Graf Dohna Tolksdorf. Claus Schenk Graf von Stauffenberg la charge de le contacter et lui demander s'il accepterait. Son acceptation lui vaudra d'être pendu avec les autres conjurés à Berlin–Plötzensee, un souvenir qui restera douloureux pour la comtesse pendant de longues décennies. Le neveu du conjuré et voisin de Marion Dönhoff, Alexander Fürst zu Dohna-Schlobitten lui écrira cependant en 1994 - pour la consoler ou pour lui rappeler les limites de sa mission ? - que son oncle avait vigoureusement rejeté le nazisme en 1932 déjà.

Parmi les tâches de Marion Dönhoff, il y a aussi le lien avec son ami suisse de longue date, Carl Jakob Burckhardt, président du Comité International de la Croix Rouge. Elle est chargée d'aller le voir en Suisse et de lui donner des informations sur la Résistance allemande afin qu'il puisse informer les Alliés dès la réussite de l'attentat contre Hitler.

Que sait Marion Gräfin Dönhoff des camps de concentration ? Bien peu de choses et pourtant largement assez pour ne pas supporter de rester inactive. Par ses frères et ses amis, elle a par exemple pu entendre parler des exactions des SS contre la population russe et surtout juive, là où était passés la Wehrmacht et les SS. Mais elle dit n'avoir entendu le nom d'Auschwitz qu'après la guerre, comme la plupart des Allemands. « *On savait que les gens étaient emmenés à l'Est. Mais qu'il s'agissait non pas de camps de travail mais d'extermination, ça je l'ai appris seulement après la guerre. Personne ne pouvait imaginer qu'ils seraient tous massacrés ...*[53] », dira-t-elle plus tard. Helmut Schmidt, qui pourtant a été jeune officier sur le front de l'Est avant de devenir chancelier en 1974, dira même n'avoir rien su du sort des Juifs[54].

Mais elle et ses amis ont tous été révoltés par les massacres de Juifs russes, rapportés par les officiers en permission. Ils ont aussi entendu parler de massacres de villages entiers en représailles d'actes de résistance effectifs ou supposés, voire inventés dans les pays occupés. Certes, les discussions ne sont pas libres à tout va, mais entre amis du même âge, qui se connaissent depuis longtemps, dont les familles se fréquentent parfois depuis des générations et partagent les mêmes valeurs, on se parle.

« *Mes amis ont été témoins de terribles scènes avec les Juifs, qui ont été jetés dans des fosses, les uns sur les autres. Parfois les premiers vivaient encore, quand les autres étaient tués d'une balle dans la nuque et jetés sur eux. C'était tellement horrible, que cela nous a soudés et qu'on savait que ça ne pouvait pas continuer comme ça. Le type*[55] *devait être mis hors d'état de nuire. Au début on ne pensait même pas à un attentat, plutôt à le faire prisonnier. Cela n'a bien sûr pas été possible et de moins en moins possible à cause des SA et des SS*[56] », dira Marion Dönhoff en 1998.

Les nazis ont massacré environ le quart de la population polonaise. Etait-ce possible de n'avoir rien vu, rien su, rien pressenti ?

Pour le front de l'Est, l'historien Christian Hartmann donne les chiffres suivants[57]: dix millions de soldats allemands ont combattu sur l'« Ostfront ». Trois des cinq millions de soldats allemands tués pendant la Deuxième Guerre mondiale ont perdu leur vie sur l'Ostfront (sans compter les morts des camps de prisonniers). Onze millions de soldats de l'Armée rouge sont quant à eux morts au combat et trois millions dans des camps de prisonniers. Plus de deux millions de Juifs soviétiques ont été massacrés. Six à dix millions d'autres civils soviétiques ont péri, dont un million lors du blocus de

---

[53] SCHWARER Alice, *Marion Dönhoff*, p. 148

[54] KUENHEIM Haug von, *Marion Dönhoff*, p. 30

[55] Ndt : Hitler

[56] SWR / Die Zeit, *Marion Gräfin Dönhoff - Gespräche zwischen 1953 und 1998*

[57] in *Zeit Geschichte*, 2011, *Hitlers Krieg im Osten*, p. 36

Leningrad, qui devait être affamée plutôt que prise. Le but n'était pas seulement de gagner la guerre mais aussi de conquérir de nouveaux territoires vides ou asservis pour les Allemands.

Philipp Freiherr von Boeselager, jeune officier de la Wehrmacht, a participé aux préparatifs de l'attentat du 20 juillet 1944 contre Hitler. Grâce au sang-froid des autres conjurés et beaucoup de chance, il a échappé à la grande purge qui a suivi.

Dans ses souvenirs parus à la fin de sa longue vie, il raconte son cheminement vers la Résistance. « *Au début du conflit sur le front de l'Est, l'officier allemand avait face au Russe le sentiment d'incarner la civilisation dans la lutte contre une nation barbare* [58]» Au début c'était simple. Mais bientôt les officiers qui voulaient bien voir, ont vu que les soldats de l'armée soviétique n'avaient pas le monopole de la barbarie : « *Il fallait non seulement empêcher le rouleau compresseur russe de déferler sur l'Europe, mais aussi endiguer la volonté de destruction des SS.* [59]»

Cette conviction, d'abord vaguement ressentie, lui fut confirmée au printemps 1943 par le témoignage d'un sous-officier bouleversé : « *Pendant deux jours, de retour de permission, il avait voyagé dans le même wagon que des permissionnaires du SD (Sicherheitsdienst, service de sécurité des SS). Les SS se vantaient d'avoir assassiné dans le secteur du groupe d'armées Sud 250 000 Juifs. Désinhibés par l'alcool, ils ont raconté les massacres, avec moult détails cruels et obscènes.*[60]»

Ainsi mis en garde, Boeselager a pu faire en sorte que des officiers plus gradés que lui puissent empêcher en grande partie la déferlante barbare dans leur région. Et cet épisode a fortifié sa conviction de devoir aider la Résistance militaire contre Hitler.

Auparavant il avait déjà par exemple entendu parler d'un massacre qui a ouvert les yeux de plus d'un officier : En 1941 des SS de Lettonie avaient massacré et jeté dans des fosses communes des milliers de Juifs à Borissov. Deux officiers, Carl-Hans von Hardenberg et Heinrich von Lehndorff, le cousin et ami d'enfance de Marion Dönhoff, avaient par hasard été témoins de la scène

---

[58] Boeselager Philipp Freiherr von, *Wir wollten Hitler töten*, p. 119

[59] Idem

[60] Idem

d'horreur, alors que leur avion la survolait à basse altitude à cause de mauvaises conditions météorologiques.

Le frère aîné de Marion Dönhoff a aussi été témoin de scènes derrière le front de l'Est, qui n'avaient rien d'une guerre chevaleresque. En Lituanie, il a dû s'interposer entre un groupe de Juifs paniqués et un officier SS qui voulait de toute évidence les faire transporter vers leur lieu de « liquidation »[61].

Dans des familles comme celle des Boeselager ou celle des Dönhoff et Lehndoff on se parle. Marion Dönhoff en sait assez pour être du côté des opposants.

Ensuite, pendant la « guerre froide » et surtout étant donné la longue et terrible épreuve des prisonniers de guerre allemands - les derniers sont rentrés en 1955 -, la majorité des Allemands sera jusqu'à la fin de années 1980 peu encline à se souvenir des exactions des SS et encore moins de celles de la Wehrmacht, qui pourtant a mobilisé les résistants allemands pendant la guerre.

La comtesse est dans la mouvance du « cercle de Kreisau » sans participer personnellement à leurs rencontres. Ces jeunes nobles qui abhorrent la bassesse des hordes brunes, autrement dit de l'appareil nazi portant l'uniforme brun, constituent la tête politique d'une nébuleuse, dont l'équipe autour du comte Stauffenberg est le bras armé. Ils agissent par conviction chrétienne ou politique, et toujours par conviction morale. Leur appartenance à la vieille aristocratie est une excellente « couverture » face aux services secrets hitlériens. Quoi de plus naturel que de passer un week-end entre cousins, beaux-frères ou anciens camarades de faculté ?

Bizarrement, Marion Gräfin Dönhoff sera introuvable dans l'abondante littérature sur le « cercle de Kreisau ». Le fait de ne figurer dans aucun document écrit trouvé par les nazis va certainement lui sauver la vie. Elle ne fait pas partie du noyau dur. Du deuxième ou du troisième cercle ? Peu importe. Elle fait partie des hommes et femmes de confiance et elle ne ménagera pas sa peine après-guerre pour préserver la mémoire de ces hommes et femmes qui ont préféré leur éthique et l'honneur de l'Allemagne à leur vie.

---

[61] HARPRECHT Klaus, *Die Gräfin*, p. 257

C'est le domaine du comte von Moltke, Kreisau en Silésie, qui a donné son nom à ce petit groupe d'intellectuels résistants. Contrairement à Claus Graf Stauffenberg, qui sera au centre du complot militaire, Helmuth James von Moltke et ses amis n'ont jamais été tentés par le national-socialisme ou impressionnés par Hitler. Au fur et à mesure des années de guerre, ces hommes et ces femmes, à des postes souvent importants, ont eu connaissance d'horreurs indicibles. En 1942 Helmuth James von Moltke écrit à sa femme Freya, à propos d'exactions commises en Serbie et en France : « *Tous les jours, plus d'un millier de personnes sont assassinées, et des milliers d'hommes allemands sont habitués au meurtre. Et tout cela n'est qu'un jeu d'enfants en comparaison de ce qui se passe en Pologne et en Russie. Est-ce que je peux savoir cela et prendre le thé, assis dans mon appartement chauffé ? Est-ce que je ne me rends pas complice ainsi ? Que répondre si on me demande : Et qu'as-tu fait pendant ce temps ?*[62] ». Savoir ce qui se passait ailleurs a donné une saveur aigre-douce à l'idylle de Kreisau qui sera perdue, comme celle de Friedrichstein ou de Quittainen.

Le « cercle de Kreisau » a préparé pendant plusieurs années l'après-nazisme. Ses membres ont aussi essayé, en vain, de coopérer avec les Américains et les Anglais. Ils ont essayé de les convaincre de s'opposer avec plus de fermeté à l'Allemagne de Hitler. Des jeunes gens « bien nés » mais aussi des syndicalistes ou des sociaux-démocrates faisaient partie de la nébuleuse autour de Kreisau. Suite à l'attentat manqué du 20 juillet 1944 plusieurs membres de ce groupe informel ont été exécutés. Mais la correspondance très fournie de Helmuth James von Moltke avant et pendant les années de guerre avec sa femme Freya a pu être sauvée et donne une idée, malgré la prudence qui était de rigueur, des préoccupations du groupe.

Pourquoi la Résistance n'a-t-elle pas éliminé le führer plus tôt ? Pourquoi tant d'attente et de tergiversations de la part des opposants au régime ? Ont-ils attendu de voir comment le vent de l'Histoire allait tourner ? Marion Dönhoff n'aura de cesse de rappeler à quel point il était difficile de survivre et plus encore de s'opposer à la terreur nazie. On sait aussi que de nombreuses tentatives avaient

---

[62] BRAKELMANN Günter, *Helmuth James von Moltke*, p. 161

échoué pour des raisons stupidement matérielles (par exemple un détonateur qui n'avait pas fonctionné) ou parce que Hitler avait l'habitude de changer de programme à tout va ou de quitter les réunions soudainement, laissant en plan le résistant, avec sa bombe prête à exploser.

Mais il y avait aussi une raison politique plus profonde. Pendant la période des victoires retentissantes de la Wehrmacht sur tous les fronts, un attentat réussi contre Hitler n'aurait pas été compris en Allemagne. Les auteurs de l'attentat auraient probablement été taxés, plus encore qu'après celui du 20 juillet 1944, de traîtrise et la légende du « coup de poignard dans le dos », qui avait déjà couru suite à la capitulation mettant fin à la Première Guerre mondiale, aurait fait de Hitler plus que jamais un héros.

Il y avait aussi une raison morale : Moltke a toujours dit clairement qu'à son avis on ne pouvait pas en finir avec un régime meurtrier, de non-droit, par un nouveau meurtre. Pour lui, la fin ne justifiait pas tous les moyens. Est-ce que l'élégance d'une telle rigueur intellectuelle et morale était encore de mise alors que les chambres à gaz tournaient à plein régime ? Belle question – mais étaient-ils libres de faire autrement ?

Les résistants allemands autour de Helmuth James von Moltke, ceux qu'on a appelés les membres du cercle de Kreisau, étaient bien conscients de la tragédie qu'ils vivaient : « *Moltke et ses amis ne se faisaient pas d'illusions sur l'ancrage du national-socialisme dans la population et sa sécurisation par la Gestapo. Ils ne pouvaient qu'espérer un délitement interne ou la destruction externe du système. En attendant il s'agissait de développer un ordre alternatif pour après l'effondrement*[63] », écrit Günter Brakelmann dans sa biographie de Moltke.

La tragédie de la Résistance allemande, c'est que plus tard, dès que les nazis furent en position de faiblesse, il était trop tard pour sauver autre chose qu'une parcelle de l'honneur allemand. Certes, il aurait fallu empêcher que la situation politique ne se détériore au point de laisser un dictateur s'emparer du pouvoir. Le journaliste Sebastian Haffner relève qu'au début des années 30, il n'était plus question de sauver la République de Weimar : « *La seule question qui se*

---

[63] BRAKELMANN Günter, *Helmuth James von Moltke: 1907 – 1945* , p. 102

*posait était de savoir si la République déjà abandonnée serait remplacée par une restauration conservatrice - en fin de compte certainement monarchique - ou par Hitler* [64] ». Mais l'Histoire ne se réécrit pas.

Il était définitivement trop tard, quand les Alliés ont exigé la capitulation sans conditions de l'Allemagne. Dans « Um der Ehre willen », un livre de portraits en hommage aux résistants, Marion Gräfin Dönhoff reconnaîtra dans les années 90 que la connaissance par les Alliés des camps d'extermination, avant que les Allemands eux-mêmes n'en aient connaissance, a certainement participé au durcissement de ton des Alliés.

Mais pour les opposants cela voulait dire qu'ils étaient encore plus isolés. Ils craignaient que l'exigence de capitulation sans conditions ne pousse les Allemands à la solidarité entre eux contre les Alliés.

Les résistants allemands ont été souvent décriés comme traîtres – et ce pas seulement dans l'Allemagne hitlérienne et post-hitlérienne. Le diplomate Adam von Trott zu Solz, un membre essentiel de la Résistance par sa possibilité de voyager même en pleine guerre, et par sa parfaite connaissance de la langue et des habitudes anglaises - il avait étudié à Oxford - a longtemps été soupçonné d'être un agent double. Marion Dönhoff souligne dans son portrait d'Adam von Trott zu Solz[65] à quel point même une fois la guerre terminée il était difficile de faire la part des choses. Adam von Trott zu Solz a comme tant d'autres payé son activité de sa vie. Il a été pendu le 26 août 1944. Les résistants devaient bien évidemment brouiller les pistes, donner des gages au pouvoir. En France aussi, bien des résistants authentiques ont été inquiétés après guerre pour cette même raison.

Marion Dönhoff racontera pleine d'amertume, notamment dans son livre de portraits en hommage aux résistants leurs nombreuses tentatives vaines de s'allier aux Britanniques. Avec la même amertume elle relate les réactions des Alliés après l'attentat manqué du 20 juillet 1944. Le soir même, le porte-parole du président américain parle d'une « petite clique d'officiers ambitieux ». Et le 2

[64] HAFFNER Sebastian, *Anmerkungen zu Hitler*, p. 63

[65] DÖNHOFF Marion Gräfin, *Um der Ehre willen*

août Winston Churchill parle devant le parlement britannique de « combats entre dignitaires du 3e Reich ». Le New-York Times les situe dans la catégorie des criminels et des terroristes. L'historien Günter Brakelmann insiste aussi dans sa biographie de Moltke sur la rigidité de Winston Churchill, qui ne voulait pas entendre parler de la Résistance allemande. En résumé : alors qu'ils se faisaient torturer, fusiller, pendre à des crochets de boucher, leurs familles déporter, ils n'étaient aux yeux des Alliés que des aristocrates coupables de trahison, une fois qu'ils avaient senti le vent tourner. Freya von Moltke, la veuve de Helmuth James von Moltke - qui a remué ciel et terre pour obtenir le soutien des Alliés - résumera, désabusée : « *Nous avions le sentiment d'être solidaires et pensions que c'étaient nos amis. Nous faisions en cela une grave erreur. Ce n'étaient pas nos amis ! C'étaient les ennemis des Allemands, dont nous faisions partie* [66] ». Marion Dönhoff dira plus tard : « *reconnaître la Résistance allemande aurait signifié que les Allemands s'étaient en partie libérés par eux-mêmes* [67] ».

Aujourd'hui encore, il n'est pas simple de faire la part des choses. Personne ne conteste le rôle important de l'aristocratie dans la Résistance et le nombre plus que proportionnel des victimes de la terrible purge après le 20 juillet 1944. Marion Gräfin Dönhoff insiste dans ses écrits sur le fait que parmi les plus hauts dignitaires nazis, il n'y avait aucun aristocrate. Mais l'historien Eckart Conze rappelle aussi la grande proportion des aristocrates dans la SS et le fait que le représentant officiel de l'aristocratie allemande dans l'Allemagne hitlérienne, Adolf Fürst zu Bentheim-Tecklenburg-Rheda a exprimé après l'attentat manqué le « *dégoût* » de sa classe pour le « *crime infâme* »[68]. En fait, ces hommes avaient l'habitude du commandement, quel que soit le camp qu'ils choisissaient. D'ailleurs dix ans après la fin de la guerre, des aristocrates tels que Wolf Graf Baudissin, descendant d'une vieille famille huguenote et ancien de l'Afrikacorps du Maréchal Rommel, et Johann Adolf Graf Kielmansegg vont

---

[66] GEYKEN Frauke, Freya von Moltke, p. 100

[67] SWR / Die Zeit, *Marion Gräfin Dönhoff - Gespräche zwischen 1953 und 1998*

[68] Vierteljahreshefte für Zeitgeschichte, *Eckart CONZE : « Gräfin Dönhoff und das Bild des Widerstands gegen den Nationalsozialismus nach 1945"(*

participer à la construction de la Bundeswehr, la nouvelle armée allemande.

En Allemagne de l'Est, la Résistance aura sa place – mais ce ne sont pas les junkers et autres aristocrates qui seront mis sur un piédestal. On y préfèrera la « Résistance antifasciste et démocratique » à la « Résistance bourgeoise et aristocratique ». Il y a une Histoire politique mais aussi une politique de l'Histoire ou de l'écriture de l'Histoire…

En Allemagne de l'Ouest, le souvenir des résistants allemands sera longtemps un souvenir difficile. Eux avaient eu le courage de s'opposer aux nazis. Beaucoup d'entre eux avaient payé leur droiture de leur vie. Les ostraciser en tant que « traîtres à la patrie » était une manière de dédouaner ceux qui n'avaient pas eu leur clairvoyance et leur courage.

Vera Lehndorff, la deuxième des quatre filles de Heini Graf Lehndorff, a fait une carrière internationale en tant que mannequin sous le nom de Veruschka. Dans son livre de souvenirs elle raconte qu'un jour une institutrice l'a montrée du doigt à toute la classe en disant qu'elle était la « *fille d'un assassin* [69] ». Sa mère l'a changée d'école mais la blessure n'était pas près de se refermer.

Freya von Moltke, la veuve de Helmuth James von Moltke, fuira la haine des Allemands d'après guerre contre les « traîtres » en Afrique du Sud et aux Etats-Unis avant d'être honorée en Allemagne comme ancienne résistante et veuve de résistant. Mais il faudra qu'elle attende pour cela plusieurs décennies après-guerre.

Eckart Conze rappellera en 2003 : « *Dans la France de l'immédiat après-guerre, on voyait moins encore qu'ailleurs de raisons de présenter favorablement les résistants du 20 juillet 44. On peut comprendre qu'il n'y avait pas d'intérêt à réduire la culpabilité collective allemande. En outre, on n'y avait pas envie de relativiser le rôle politique ou de politique historiographique de la « Résistance », mythe fondateur de la 4e République par une allusion à, voire une reconnaissance d'actes de résistance outre Rhin.* [70] » Cette analyse, écrite avant et publiée peu de temps après le

---

[69] LEHNDORFF Vera et ROHWER Jörn Jacob, *Veruschka – mein Leben*, p. 66

[70] in *Vierteljahreshefte für Zeitgeschichte*

décès de Marion Dönhoff, donne l'une des clés de la distance qu'elle observera toujours envers la France.

Il a fallu attendre le 20 juillet 1954 pour que Theodor Heuss, le président fédéral de l'époque, rende ouvertement hommage aux résistants allemands.[71]

L'attitude des Alliés évoluera à l'Ouest dans le contexte de la « guerre froide » quand il deviendra urgent de réconcilier les Allemands avec leur propre image et de les attacher à l'Ouest.

Du côté de l'URSS ce n'était pas mieux. Armin Fuhrer et Heinz Schön rappellent dans leur biographie d'Erich Koch, le gauleiter de Prusse Orientale et commissaire du Reich en Ukraine la bienveillance cynique de Staline envers les exactions de Koch en Ukraine. Selon une plaisanterie en cours, si cela ne tenait qu'à lui Staline remettrait une médaille à Koch. Lors du procès du gauleiter, après-guerre, un officier de la Wehrmacht aurait dit : « *Koch a réussi à rassembler en un an 40 millions d'Ukrainiens contre l'Allemagne, alors qu'auparavant les soldats allemands avaient été accueillis avec des fleurs, du lard et de la vodka.* [72]» Evidemment, les résistants allemands cassaient inopportunément cette image parfaitement négative.

En ce qui concerne la population son degré d'adhésion et sa sincérité occupent aujourd'hui encore les historiens. Dans « Davon haben wir nichts gewusst » Peter Longerich analyse longuement l'irritation de Joseph Goebbels face à la population de plus en plus récalcitrante à l'endoctrinement et ses efforts pour lui inculquer la peur de la vengeance des futurs vainqueurs. Klaus Harpprecht résume pour sa part : « *Des millions d'Allemands avaient connaissance de la terreur du régime dans les régions occupées, car les soldats qui rentraient chez eux pour guérir leurs blessures ou pour une courte permission ne se taisaient pas tous. Ils racontaient les scènes d'horreur dont ils avaient été victimes à leurs femmes, leurs pères et mères.*[73]»

Marion Dönhoff n'aura de cesse de rappeler le rôle de ses amis morts pour l'honneur de l'Allemagne. A la direction de l'un des organes de presse les plus influents d'Allemagne, et grâce à sa

---

[71] LEHNDORFF Vera et ROHWER Jörn Jacob, *Veruschka – mein Leben*, p. 66

[72] FUHRER Armin / SCHÖN Heinz, *Erich Koch, Hitlers brauner Zar*, p. 132

[73] HARPPRECHT Klaus, *Die Gräfin*, p. 277

position d'intellectuelle historiquement irréprochable, Marion Dönhoff influencera la perception de la Résistance en Allemagne. De peur de les voir oubliés, voire mal compris (ce qui sera un risque effectif) elle aura tendance, tout en insistant sur les liens dans la Résistance entre les diverses couches de la société à laisser de côté les résistants communistes, socialistes ou non organisés, pour donner un rôle encore plus grand que nature à l'aristocratie et surtout à l'aristocratie prussienne. D'après Klaus Harpprecht elle en arrivait sur ses vieux jours à oublier l'adhésion plus ou moins forte et plus ou moins sincère de la majorité des Allemands au système, y compris de la majorité des élites. Elle ira jusqu'à élever à la dignité de « prussiens d'honneur » les aristocrates des régions du sud ou sud-ouest qui avaient participé à la Résistance. Cela peut prêter à sourire.

Mais elle participera ainsi non seulement à une vision historiquement plus nuancée de la Prusse et de ses grands propriétaires terriens. Elle aidera aussi, plus généralement, l'aristocratie allemande à garder une place de choix dans la société et même la politique allemande.

Disons que Marion Dönhoff s'est assigné un rôle, garder la mémoire de la Résistance des aristocrates et qu'elle l'a joué avec énergie et passion. Elle ne pouvait pas être sur tous les fronts de la mémoire.

Mais avant de jouer ce rôle il lui faut elle-même survivre.

# Échapper à la grande purge

Lorsqu'elle apprend par la radio que l'attentat du 20 juin 1944 a échoué, Marion Gräfin Dönhoff se trouve sur son domaine de Quittainen. Elle est à ce moment-là à un cheveu de la corde des pendus.

Elle a beaucoup de chance. Non pas que la Gestapo ne l'ait pas repérée : elle ne saluait jamais avec « Heil Hitler », elle ne signait aucune correspondance avec « Heil Hitler » et jamais l'un des grands hiérarques nazis n'a passé le seuil de Friedrichstein. De toute évidence elle n'est pas une fanatique du führer. Et l'oncle Bogislav, fervent nazi d'une soixantaine d'années, membre du NSDAP depuis 1932, qui occupe la demeure de Quittainen pendant qu'elle habite la maison du régisseur, et qui tutoie le gauleiter Erich Koch, « veille » depuis quelque temps déjà : il a fait noter dès 1943 à la poste les noms de tous ceux avec qui elle correspondait[74]. Ce n'étaient que des courriers anodins, mais la liste suffirait en ces heures dramatiques pour établir un lien avec les membres du complot.

Si elle échappe au déchaînement nazi, c'est semble-t-il surtout parce que son nom ne se trouve sur aucune liste de futurs responsables politiques et qu'elle n'a pas laissé de traces vraiment compromettantes. Et de toute évidence la chance est de son côté. La comtesse racontera plus tard comment la voiture des hommes de la Gestapo, qui venait la chercher, est tombée en panne. Du coup le garde forestier, qui est en même temps chef de la section locale du parti national-socialiste, va les chercher. 40 kilomètres aller, quarante kilomètres retour, ça donne faim et soif. Pendant que ces messieurs se restaurent chez le garde forestier, ce dernier - qui ne se doute de rien - dit tout le bien qu'il pense de la jeune comtesse et tout le mal qu'il pense du vieil oncle acariâtre. Le lendemain, les hommes de la Gestapo vont bien interroger le personnel du domaine. Mais les employés louent surtout le sens social de leur patronne et font preuve de beaucoup de superbe, dont la comtesse se souviendra ainsi :

---

[74] DÖNHOFF Marion Gräfin, *Um der Ehre Willen*, p. 181

« *Lorsque ce fut le tour du vieux cocher Süss, il a dit : « Le comte*[75] *m'a dit que, si j'étais interrogé, je devais dire que j'ai toujours emmené les traîtres chez la comtesse Marion. Mais comment voulez-vous que je sache ? Ces messieurs ne se présentent pas à moi.* [76]»

La Gestapo emmène la jeune femme à Königsberg pour interrogatoire, mais là encore elle a beaucoup de présence d'esprit et de chance. Par exemple, quand l'officier de la Gestapo lui demande quand est-ce qu'elle a vu le conjuré Fritz-Dietlof von der Schulenburg la dernière fois, elle répond : « *A Berlin, il y a un an* », puis se reprend : « *.... Vous savez, je ne vous ai pas dit la vérité. En fait il était chez moi il y a une semaine. Mais je pensais que si je vous le disais votre soupçon serait confirmé.* [77]» D'après ce qu'elle rapportera plus tard, la réponse lui convient et il la laisse partir.

Peut-être aussi que malgré son rôle de chef d'entreprise sur son domaine, Marion Gräfin Dönhoff n'est pas vraiment prise au sérieux. Ce n'est qu'une femme après tout. D'autres femmes n'ont cependant pas la chance de ne pas être prises au sérieux par la Gestapo.

En tout cas elle vient d'échapper de justesse à la corde, tout comme elle avait échappé à la noyade vingt ans plus tôt. Cette femme a de la chance et elle sait l'utiliser pour vivre.

Le seul observateur de la vie politique allemande, qui tournera ouvertement en dérision la participation de Marion Dönhoff à la Résistance est le journaliste Fritz Raddatz, qui il est vrai aime tremper sa plume dans le vitriol. Dans ses mémoires, après avoir rapidement reconnu ses mérites, il la décrit comme une « *femme froide, calculant et aimant le pouvoir, qui tissait infatigablement et silencieusement les fils de sa propre mythification.*[78] » Il se moque de son appartenance au cercle de la Résistance antifasciste : « *Ce cercle devait être aussi grand que le continent.* » Il ne nie pas qu'elle ait connu Stauffenberg et les autres résistants – il était normal de se connaitre entre aristocrates – mais il insiste sur le fait qu'on n'ait jamais retrouvé trace de ses

---

[75] Note de l'auteur : il s'agit de l'oncle nazi

[76] SWR / Die Zeit, *Marion Gräfin Dönhoff - Gespräche zwischen 1953 und 1998*

[77] SWR / Die Zeit, *Marion Gräfin Dönhoff - Gespräche zwischen 1953 und 1998*

[78] RADDATZ Fritz, *Unruhestifter*, p. 356

actions, ni dans les archives, ni dans les écrits des historiens sur la Résistance. Elle a toujours dit à ses amis, qu'elle devait donner la priorité aux gens qui travaillaient sur ses domaines. « *C'est certainement très honorable, mais cela n'a tout aussi certainement rien à voir avec la Résistance* [79] », écrit Raddatz, sarcastique, dans ses mémoires.

Marion Dönhoff ne prétendra jamais avoir eu un rôle de premier ordre dans l'opposition à Hitler. Mais elle était de toute évidence proche des aristocrates résistants. Son principal mérite sera d'expliquer à ses compatriotes que les conjurés n'étaient pas des traîtres à la patrie et de garder leur mémoire vivante.

C'est dans ce contexte qu'il convient de replacer une polémique des années 1970. Le diplomate et historien suisse Carl Jakob Burckhardt, Haut Commissaire de la Société des Nations à Dantzig jusqu'à la guerre et ami de la famille Dönhoff, fait état d'une lettre qu'il aurait écrite à la jeune comtesse en 1938. Dans cette lettre il exprimait son admiration pour la Résistance - celle de Marion et de ses amis. Le quotidien « Frankfurter Allgemeine Zeitung » mène la fronde en contestant la datation de la lettre avant guerre.

Pour son ami Helmut Schmidt, chancelier social-démocrate de 1974 à 1983, puis collègue à « Die Zeit », sa participation à la Résistance allemande est logiquement ancrée dans son histoire familiale : « *C'était sa chance d'être adulte avant la prise de pouvoir d'Hitler et d'avoir pu acquérir des références politiques et morales – relayées par la famille, la société fortunée de Prusse Orientale, mais certainement aussi les études à Bâle. Les Dönhoff, les Lehndorff et d'autres membres de l'aristocratie prussienne savaient en 1933 déjà : Hitler, c'est la guerre. Ils ont aussi prévu longtemps à l'avance la victoire de l'Union Soviétique et la perte des provinces de l'Est.*[80] » La posture de la comtesse pendant la guerre lui parait donc logique : « *Quand la guerre a effectivement éclaté six ans plus tard, Marion Dönhoff avait soutenu sa thèse à Bâle, elle avait voyagé en Angleterre, en Amérique et dans d'autres parties du monde – elle était citoyenne du monde et en même temps une prussienne vieux-jeu. Déjà*

---

[79] RADDATZ Fritz, *Unruhestifter*, p. 358

[80] SCHMIDT Helmut, Weggefährten, p. 242

*l'époque de Guillaume II répugnait à sa famille, mais depuis qu'Hitler était au pouvoir, elle avait l'impression de ne plus avoir de patrie.* [81]»

Theo Sommer, journaliste à « Die Zeit », apporte dans une interview à Dieter Buhl une nuance intéressante : « *Elle a eu besoin de beaucoup de temps pour comprendre qu'il y a eu aussi d'autres formes de Résistance que celle des aristocrates : l'Orchestre Rouge, les communistes … Les livres, comme celui de Hoffmann sur la Résistance allemande, la gênaient. Cela gênait son image de la Résistance alors que c'était une image plus large* [82]».

La comtesse a de la chance mais de nombreux amis vont payer leur courage de leur vie. Ce n'est donc pas le bonheur, ni même le soulagement. Suite à l'attentat environ 200 personnes vont être exécutées : une cinquantaine d'officiers supérieurs, deux ambassadeurs, sept diplomates, un ministre, trois secrétaires d'Etat, des officiers de police, des hauts fonctionnaires mais aussi des membres du clergé et bien des sans-grade.

Plusieurs de ses plus proches amis finissent leur jeune vie au bout d'une corde accrochée à un crochet de boucher, à la prison de Plötzensee. Leurs familles sont séparées, emprisonnées dans de sinistres cachots ou des camps de concentration, leurs enfants mis en pension sous une fausse identité. Les veuves reçoivent une facture pour les frais du procès et de l'exécution.

Marion Dönhoff donne un exemple de ce type de faire-part d'un cynisme inégalable, dans un portrait de Peter Graf Yorck, publié en 1990 :

| | |
|---|---|
| Frais de condamnation à mort, conformément à article … | 300,00 |
| Frais postaux, conformément à article … | 1,84 |
| Frais d'avocat commis d'office | 81,60 |
| Frais d'emprisonnement de … à … | 44,00 |
| Frais d'exécution de la sentence | 158,18 |
| Frais de port pour la facture | 0,12 |
| Total en Reichsmarks | 585,74[83] |

[81] SCHMIDT Helmut, Weggefährten, p. 243

[82] BUHL Dieter, Marion Gräfin Dönhoff: *Wie Freunde und Weggefährten sie erlebten*, p. 134

[83] DÖNHOFF Marion Gräfin, *„Um der Ehre willen"*, p. 13

Entre 1890 et 1932, 36 criminels avaient été exécutés dans une cour intérieure de cette prison de Berlin. De 1933 à 1945, ce sont 2891 prisonniers qui sont exécutés, pour la plupart des prisonniers politiques.

Heini Lehndorff, le compagnon de ses jeux d'enfants, fait partie des résistants qui vont payer de leur vie l'attentat manqué. L'héritier du domaine de Steinort, que les Lehndorff ont fait prospérer depuis le 15e siècle fait partie de cette aristocratie qui a la horde brune en aversion. Trois événements concrets au moins ont renforcé cette aversion. Son jeune frère, qui avait pris contact avec la Résistance avant même le début de la guerre, est tombé en juin 1941 en Estonie, pendant la campagne de Russie. Puis Heini Lehndorff a été lui-même témoin pendant la campagne de Russie de la non-intervention des officiers supérieurs de la Wehrmacht, alors que 7000 Juifs étaient massacrés par des SS à Borissow. Cet épisode a fait scandale dans les hautes sphères de la Wehrmacht et le commandant territorial s'est suicidé. Tout aussi traumatisant pour lui, une scène qu'il a racontée à son épouse Gottliebe : « *J'ai vu quelque chose de terrible. Un homme de la SS a attrapé un enfant et l'a tapé contre un arbre jusqu'à ce qu'il meure*[84] ».

Le jeune hobereau et son épouse ont réussi pendant plusieurs années à jouer un double jeu. Alors qu'ils se montraient aimables voisins avec le ministre des Affaires étrangères Joachim von Ribbentrop, qui avait réquisitionné l'aile gauche du château de Steinort pour être près des bunkers du quartier général d'Hitler en Prusse Orientale, appelé « Wolfschanze », ils tissaient les fils de la conspiration contre le dictateur.

Par la suite il a été pendant plusieurs années l'un des messagers de la Résistance allemande et il aurait dû avoir un rôle clé à Königsberg, après l'attentat.

Il sait ce qui l'attend. Il est chez lui et se demande encore s'il doit rester, fuir, se suicider, rester quand même, lorsque la Gestapo arrive. Il réussit à s'enfuir et se cacher dans les bois environnants. Mais la crainte de ce qui pourrait arriver à sa famille le pousse à se livrer. Il est d'abord emmené à Königsberg, puis transféré à Berlin.

---

[84] VOLLMER Antje, *Doppelleben*, p. 151

Arrivé devant la prison de la Prinz-Albrecht-Strasse, il réussit encore à fausser compagnie à ses geôliers. Mais quatre jours plus tard, au petit matin, ses pieds étant en sang, il doit frapper à la porte d'un garde forestier. Ce dernier n'ose pas le garder et le dénonce.

Sissi, la sœur de Heini et amie de Marion ainsi que sa mère, sont arrêtées. Sa femme, qui accouche peu de temps plus tard en prison, est envoyée dans un camp. Ses trois petites filles de sept, cinq et deux ans sont envoyées avec d'autres enfants de résistants sous de faux noms dans un internat.

Heini Lehndorff est torturé et condamné à mort par le Volksgerichtshof sous la présidence du juge Roland Freisler de sinistre mémoire. C'est déjà lui qui avait envoyé Hans et Sophie Scholl, Alexander Schmorell et les autres membres de la Rose blanche à la guillotine. Il restera célèbre pour ses vociférations et son cynisme plus encore que pour les quelque 2600 condamnations à mort qu'il a prononcées mais, tué lors d'un bombardement américain de Berlin en 1945, il échappera à la justice des hommes.

En septembre 1944, Marion veut revoir l'ami de toujours. Pour cela, elle finit par se jeter dans la gueule du loup. Elle va au Volksgerichtshof. Elle racontera plus tard à Alice Schwarzer : « *Je pensais que si j'expliquais à Freisler que j'étais responsable aussi de l'administration du domaine Steinort, appartenant aux Lehndorff, je pourrais voir Heini.* » A-t-elle la peur au ventre, cette aristocrate de 35 ans, soupçonnée de collusion avec les traîtres à la patrie ? Non. Elle est « morte de peur ». Mais elle y va quand même. Arrivée chez le procureur Schulze, celui-ci fouille dans ses papiers, pour lui dire finalement qu'elle ne pourrait pas rendre visite à Heini Lehndorff. Il a été pendu il y a deux jours, le 4 septembre 1944. Il avait 35 ans. A elle, il ne lui reste plus qu'à informer la veuve.

En 1963 la comtesse obtiendra l'autorisation exceptionnelle d'entrer en Pologne en voiture et de visiter ainsi la Mazurie avec son neveu Hermann Graf Hatzfeldt, fils de son frère aîné Heinrich. C'est la première fois qu'elle reverra Steinort, devenue Sztynort. Hermann Graf Hatzfeldt racontera à Friedrich Dönhoff ce retour en ces termes : « *La maison était fermée, les fenêtres barricadées avec des planches en contreplaqué. Nous nous sommes promenés un peu dans le parc derrière la maison. C'était un parc complètement enchanté, à l'abandon, mais on pouvait encore voir qu'il avait dû être très beau autrefois.*

*Marion a raconté qu'autrefois on clouait des petits panneaux aux arbres en souvenir d'amis ou d'événements marquants. Ces panneaux avaient tous disparu, mais les chênes et les tilleuls séculaires étaient toujours là.*[85] »

Marion a ensuite parlé de son cousin Heini à son neveu Hermann, de leur enfance commune, des étés à Steinort, des années à la fac à Francfort, où elle et Heini partageaient une vieille voiture. Elle lui a montré la fenêtre dont Heini avait sauté pour échapper aux nazis, le 20 juillet 1944, après l'attentat manqué contre Hitler.

« *La visite à Steinort a beaucoup touché Marion. Le passé ressurgissait, la terrible époque avec les nazis et le souvenir des nombreux amis qui maintenant étaient tous morts. Quand nous avons quitté à nouveau Steinort, nous étions silencieux. Je conduisais la voiture, et quand j'ai jeté un coup d'œil vers elle, j'ai vu que des larmes coulaient sur son visage* [86]», se souviendra Hermann.

Est-ce que Heini Lehndorff était seulement un cousin et ami ? Katharina Focke, ancienne Ministre et fille d'Ernst Friedländer, l'un des fondateurs de « Die Zeit », qui a bien connu la journaliste à la rédaction puis en privé, répond à Dieter Buhl dans une interview publiée après la mort de Marion Dönhoff :

- *Je me souviens vaguement, sans avoir de détails, qu'elle était particulièrement liée à la Résistance par une personne.*
- *Autant que je sache, c'était son grand amour. Il a été assassiné dans le contexte du « 20 juillet ».*
- *Heinrich Graf Lehndorff ?*
- *Je crois que oui. Le frère de Sissi, l'amie de Marion*[87].

Dieter Buhl a aussi posé la question à Vera Lehndorff, une des filles de Heini Lehndorff. Il ressort de cette interview, que les relations entre la veuve et la cousine n'étaient pas cordiales. Vera se souvient s'être un jour rendue à Hambourg, pour en parler avec sa marraine.

---

[85] DÖNHOFF Marion Gräfin et DÖNHOFF Friedrich, *Reisebilder*, p. 250

[86] DÖNHOFF Marion Gräfin et DÖNHOFF Friedrich, *Reisebilder*, p. 250

[87] BUHL Dieter, Marion Gräfin Dönhoff: *Wie Freunde und Weggefährten sie erlebten*, p. 71

- *Quelles étaient les relations entre madame votre mère et Marion Dönhoff ?*
- *Je ne veux pas parler de ça mais je lui ai rendu visite exprès pour en parler.*[88]

Elle se décide tout de même à raconter une histoire qu'elle tient de sa mère : Marion aurait essayé de chercher Heini dans les bois autour de Berlin, après qu'il se soit évadé de la fourgonnette de la Gestapo de Berlin. Elle aurait cherché à cheval et appelé son nom.

- *Il paraît que votre père était le grand amour de Marion Dönhoff. En avez-vous jamais entendu parler ?*
- *C'est bien de cela qu'il devait s'agir dans la discussion avec elle à Hambourg. Mais elle ne l'a jamais évoqué. Marion et mon père ont grandi ensemble en Prusse Orientale et tout ce qu'ils ont vécu ensemble les liait.*
- *Elle n'en a jamais parlé.*
- *Non, non. Je ne peux rien en dire parce que je ne sais rien de précis. Ma mère ne m'a pas dit grand-chose non plus là-dessus.*

Dans son autobiographie parue en 2011, elle cite sa marraine à qui elle a posé la question :

- *Est-ce vrai que vous n'aimiez pas ma mère ?*
- *Oui, c'est vrai, nous ne l'aimions pas, dit-elle spontanément*
- *Pourquoi ?*
- *Parce qu'elle a apporté du sang mauvais dans la famille.* [89]

Dans une interview du « Spiegel » parue à l'occasion de la sortie de son autobiographie, Vera Gräfin Lehndorff décrit sa marraine Marion comme « *ne montrant pas d'intérêt, froide* ».

Klaus Harpprecht estime que Heini Lehndorff était le grand amour de Marion Dönhoff avant de relever quelques autres idylles ou amitiés amoureuses possibles, dont certains hommes mariés, des hommes nettement plus âgés, des amours impossibles. La comtesse restera discrète sur la question, ce qui est son bon droit.

*« Plus jamais nous n'avons vécu de façon aussi existentielle qu'à cette époque. De manière aussi consciente et aussi longtemps sur le fil entre la vie et la mort. A cette époque la politique exigeait à chaque instant une*

---

[88] BUHL Dieter, Marion Gräfin Dönhoff: *Wie Freunde und Weggefährten sie erlebten*, p. 71

[89] ROHWER Jörn Jacob, LEHNDORFF Vera, *Veruschka*, p. 292

*implication totale de la personne. Personne n'imagine aujourd'hui l'étendue du risque et la dimension du danger, avec lesquels ces gens devaient vivre*[90]», écrira la journaliste Marion Dönhoff en 1994. Chacun savait que si l'un d'entre eux était arrêté, cela pouvait signifier la fin de tous – car qui aurait voulu garantir, malgré toute la solidarité, qu'il saurait résister à la torture ? Et ils savaient qu'ils faisaient courir à leurs familles et amis un immense risque. Pour le réduire autant que possible, les épouses de conjurés ont souvent joué un rôle d'épouse ignorante et un peu sotte, ce qui pouvait leur éviter la corde mais pas la déportation et la séparation de leurs enfants. Konstanze, la fille cadette du comte Stauffenberg a tenu à rectifier cette image dans la biographie qu'elle a consacrée à sa mère Nina, pas si sotte que l'image qu'elle avait volontairement, en accord avec son mari, donnée à la Gestapo[91].

Trois semaines après l'attentat manqué du 20 juillet 1944, Heinrich Himmler annonce dans un discours devant les Gauleiter la mise en place d'une « Sippenhaft » absolue. Autrement dit, les familles proches et éloignées des conjurés doivent aussi être éradiquées. Himmler fait appel aux vieilles coutumes germaniques pour justifier cette mesure : « *Il vous suffit de relire les légendes germaniques. Quand une famille était vouée au mépris ou excommuniée ou s'il s'agissait de vendetta, alors on disait : « Cet homme s'est rendu coupable de trahison, son sang est mauvais – le sang du traître doit être tari. » Et par cette « vengeance du sang » (Blutrache) toute la tribu était éradiquée, jusqu'à son dernier membre. La famille Stauffenberg sera éradiquée jusqu'à son dernier membre.* [92]» Certes, les enfants des conjurés ne sont pas passés par les armes ou pendus, mais des mesures draconiennes sont prises pour qu'on les oublie et qu'ils oublient eux-mêmes jusqu'à leur identité. C'est ainsi qu'une quarantaine d'enfants de 26 familles de conjurés sont rassemblés sous de fausses identités dans un orphelinat à la campagne, à Bad Sachsa. Et qu'ils ne retrouveront leur famille qu'après-guerre.

---

[90] DÖNHOFF Marion Gräfin, *Um der Ehre willen*, p. 168

[91] SCHULTHESS Konstanze von, *Nina Schenk Gräfin von Stauffenberg – ein Porträt*

[92] In *Der Spiegel* du 13/07/2004, *Blutrache an den Kindern der Verschwörer*

Parmi ces enfants enlevés à leur famille il y a aussi les trois petites filles du cousin Heini. Sa jeune épouse Gottliebe est détenue plusieurs semaines dans un camp avec sa quatrième fille, née en prison peu après l'arrestation de Heini. C'est Marion Dönhoff qui retrouvera et réussira à ramener les fillettes dans leur famille.

Tous les biographes de Marion Dönhoff se sont demandé pourquoi cette belle femme svelte, à l'allure sportive, qui ne manquait pas de charme ne s'est jamais mariée. Aucun n'a trouvé la raison. Il n'y en a peut-être pas. Ou peut-être que les seuls prétendants éligibles de sa génération sont soit morts au front, soit morts exécutés.

En tentant de sauver l'honneur de l'Allemagne les résistants l'ont aussi privée de nombre de ses meilleurs éléments, qui ont fini leur vie face à un peloton d'exécution ou au bout d'une corde.

La retenue toute prussienne de Marion Gräfin Dönhoff n'a d'égale que sa fidélité à ses principes et aux amis qui les ont partagés. Elle n'aura de cesse jusqu'à la fin de sa longue vie de rappeler le rôle et l'importance des conjurés du 20 juillet 1944. Elle le fera dans ses articles, ses discours, ses livres. Elle fera édifier une statue près du château de Crottorf, le domaine de son neveu Hermann Graf Hatzfeldt (fils de son frère Heinrich) à la mémoire de ses amis Peter Yorck von Wartenburg, Adam Trott zu Solz, Fritz-Dietlof von der Schulenburg, Heini Lehndorff, Kurt Plettenberg, Nux Uexküll.

Et surtout, elle devra vivre avec la douleur : « *J'aurais longtemps aimé avoir figuré sur l'une des listes d'« auxiliaires » : rien ne pouvait être pire que de perdre tous les amis et de survivre seule.* [93]»

Hitler fait tout pour présenter les conjurés en traîtres, présentation des faits reprise sur le moment par les médias des pays alliés et même Churchill devant le parlement britannique. Cet épisode tragique lui sera aussi une importante leçon de journalisme. Alice Schwarzer la cite 50 ans plus tard : « *En réfléchissant à ce phénomène, je me suis rendu compte qu'en politique, tout comme dans*

---

[93] DÖNHOFF Marion Gräfin, *„Um der Ehre willen" Erinnerungen an die Freunde vom 20. Juli*, p. 184

*l'Histoire, ce ne sont pas les faits qui comptent, mais la représentation que les gens s'en font.*[94] » On n'a pas fini de méditer ces quelques mots.

La journaliste américaine Dorothy Thompson, qui a été proche de Moltke, écrit fin 1945 : « *Quel que soit le verdict de l'Histoire, tout dépendra de qui écrira l'histoire de ces auteurs d'une tentative vouée à l'échec. Nous les Américains ferions preuve de bon sens en orientant le regard des Allemands sur eux, afin que des Allemands puissent de nouveau être fiers d'autres Allemands. Car aucun peuple ne peut vivre sans héros, et les peuples finissent par ressembler à ceux qu'ils adorent.*[95] »

Marion Dönhoff s'efforcera de corriger l'image de la Résistance allemande et de garder vivante la mémoire des suppliciés. Ce sera sa façon de se faire pardonner d'avoir survécu et surtout pour donner du sens à l'engagement de ses amis, leur perte et sa douleur.

Cette grande douleur ne restera pas seule. Marion Dönhoff, héritière de la tradition humaniste prussienne, devra non seulement vivre avec la connaissance des horreurs commises sur ordre des autorités allemandes dans les camps de concentration, sur le front russe, dans les pays occupés et contre la population allemande elle-même. Elle devra aussi vivre avec le souvenir de la mort au front de son frère aîné Heinrich et de trois de ses jeunes neveux. Le frère de son cousin Heini est mort sur le front russe peu avant son 25e anniversaire. L'un de ses cousins d'une autre branche familiale, rappelé du front après que ses trois frères soient tombés, pour s'occuper de l'exploitation, a été exécuté par les Russes en même temps que sa mère, qui sortait tout juste d'une geôle nazie. Des nombreux autres cousins Lehndorff, avec lesquels la jeune Marion avait passé une grande partie de son enfance, un seul a survécu, Hans Lehndorff, qui continuera à exercer comme médecin dans des conditions dantesques en 1945 à Königsberg avant de rejoindre les autres survivants de la famille à l'Ouest et s'installer à Bonn, où il sera un chirurgien et écrivain reconnu. Elle devra vivre avec le souvenir des villageoises qu'elle a côtoyées pendant les premières décennies de sa vie et qui ont été violées, crucifiées, jetées nues sur des tas d'ordures par la soldatesque russe.

---

[94] SCHWARZER Alice, *Marion Dönhoff*, p. 155

[95] BRAKELMANN Günter, *Helmuth James von Moltke*, p. 363

## Et si l'attentat avait réussi ?

Et si l'attentat avait réussi ? Il est vain de vouloir refaire l'Histoire. D'autant plus que la Résistance allemande avait de multiples facettes. Communistes, sociaux-démocrates, aristocrates, syndicalistes, hommes d'Eglise avaient un ennemi commun, le national-socialisme, mais pas une vision commune de l'après national-socialisme.

Marion Dönhoff s'est occupée de la gestion des biens familiaux jusqu'au dernier jour de sa présence en Prusse Orientale comme si elle devait préparer l'héritage des générations suivantes. Mais elle avait trop le sens des réalités politiques pour ne pas se rendre compte qu'elle vivait la fin d'une époque. Elle savait depuis des années que le prix à payer pour la fureur hitlérienne serait la perte de sa patrie prussienne. Peut-être que si les Alliés avaient pu ou voulu s'appuyer sur la Résistance intérieure allemande, l'Histoire aurait pris un autre cours. Peut-être. Pas sûr. La Prusse Orientale aurait probablement quand même été détachée de l'Allemagne, mais peut-être avec moins de brutalité.

Certains conjurés ont beaucoup réfléchi au futur système politique. On a d'ailleurs reproché au cercle de Kreisau de n'avoir fait que réfléchir, autrement dit brasser des idées. L'âme de ce groupe était certes un aristocrate terrien de Silésie, mais il comptait des protestants, des catholiques, des hauts fonctionnaires, des syndicalistes, des sociaux-démocrates et des conservateurs.

Freya von Moltke, la veuve de Helmuth James von Moltke, exécuté début 1945, a écrit dans ses souvenirs que la fin de toute discrimination pour des raisons de race ou de religion faisait partie des mesures prioritaires préconisées pour l'après-guerre. La relation Etat/religions et la relation catholiques/protestants ont joué un rôle central dans les débats de Kreisau préparant l'après-guerre. La tragédie juive était certes un moteur de la volonté de résister et de tuer le tyran, mais elle ne semble pas avoir eu de grande place dans les réflexions sur l'avenir.

Marion Dönhoff trace dans « Um der Ehre willen » les contours du système préconisé avec des mots tels que : éthique, morale, équité sociale et intégration européenne. Les membres du « groupe de Kreisau » voulaient mettre en place une décentralisation pour éviter la superpuissance d'un centralisme d'Etat, une participation pour responsabiliser les citoyens et le pouvoir, des écoles chrétiennes avec cours de religion obligatoire, la nationalisation de l'industrie des matières premières, des syndicats à l'échelle des entreprises, et un certain degré de socialisme. L'économie sociale de marché de l'après-guerre a en partie été pensée lors des discussions conspiratives sous la dictature déjà.

Le groupe de Kreisau voulait rendre la politique compréhensible par les citoyens. On devait commencer par des élections dans les communes, continuer avec les Kreis (cantons) pour ensuite élire les parlements des Länder et amener ainsi progressivement à la compréhension de la démocratie. Leur vision d'une Europe unifiée politiquement et économiquement était pour le moins originale au début des années 40. Pour Helmuth James von Moltke l'Europe future devait reposer sur l'héritage chrétien et humaniste.

Les criminels du régime auraient dû comparaitre devant des tribunaux allemands ou internationaux – composés de trois juges issus des pays vainqueurs, deux issus d'Etats neutres et un allemand. Après guerre lorsque Marion Gräfin Dönhoff, le jeune Richard von Weizsäcker (le futur chef de l'Etat allemand) se retrouveront avec des amis devant l'immeuble du tribunal à Nuremberg, ils seront outrés de voir que les allemands n'étaient pas admis à juger leurs compatriotes ou à faire partie du jury. De même, dans un commentaire sur l'extradition du gauleiter Koch vers la Pologne, Marion Dönhoff regrettera dans « Die Zeit », tout en reconnaissant le bien-fondé de cette extradition, qu'il ne soit pas jugé d'abord en Allemagne pour ses crimes contre les Allemands en Prusse Orientale. Freya von Moltke se souviendra aussi de la volonté du cercle de Kreisau de voir des Allemands participer aux procès, pour que le peuple allemand admette mieux les verdicts. Mais elle reconnaîtra aussi que finalement le tribunal de Nuremberg a pu jouer son rôle pédagogique.

Marion Dönhoff rappelle pour sa part à quel point il était difficile de restaurer la démocratie après l'échec de la démocratie de

Weimar, qui avec sa trentaine de partis avait permis la montée des extrémismes et le triomphe du nazisme, suivis de douze années de propagande et de terreur. « *Je pense que nous devons être très reconnaissants aux Alliés de nous avoir montré le droit chemin après la fin de la guerre*[96] », écrira-t-elle dans « Um der Ehre willen ».

Les valeurs sur lesquelles les résistants voulaient bâtir la nouvelle démocratie allemande étaient d'après Marion Gräfin Dönhoff « *le scepticisme face au progrès technique, une attitude réservée face au capitalisme, la fusion des valeurs du conservatisme et du socialisme, l'ascèse comme style de vie, la responsabilité pour le bien commun et de grands espoirs dans l'union européenne* ». Ce sont les valeurs qui sous-tendront sa longue activité d'éditorialiste de « Die Zeit », l'hebdomadaire des intellectuels de la deuxième moitié du 20e siècle en Allemagne !

D'autres valeurs vont survivre aux conjurés et même à la Prusse.

Ce n'est donc pas seulement sur la mémoire des amis exécutés après l'attentat manqué du 20 juillet 1944 que Marion Gräfin Dönhoff va veiller. Elle n'aura de cesse non plus de rappeler que la Prusse historique ne se résumait pas à ce qu'Hitler et les nazis en avaient fait. Elle voue une grande admiration à Frédéric II le Grand, né en 1712 à Berlin et mort au château de Sanssouci, à Potsdam, en 1786. Pendant son règne, à partir de 1740, ce despote éclairé, mélomane et écrivain, grand ami de Voltaire, parvint à réaliser une synthèse des traditions de la Prusse et de l'esprit des Lumières. Il maintint l'Etat fort, reposant sur l'alliance de la monarchie et de la noblesse et une armée puissante.

La journaliste, qui restera prussienne de cœur jusqu'à son dernier souffle, publiera un essai sur la modernité du « Vieux Fritz », surnom affectueux de Frédéric II. « *Une peinture exposée au château de Charlottenburg montre Frédéric le Grand, mort dans son fauteuil, une bergère à oreilles, avec à ses côtés une bougie et son vieux serviteur – sinon personne. On se dit que cela n'a pas pu se passer ainsi, qu'il y avait sûrement aussi la famille ou une partie du cabinet ou au moins le ministre*

---

[96] Dönhoff Marion Gräfin, *Um der Ehre willen*, p. 175

*von Hertzberg. Mais non, c'était effectivement comme cela.* [97]» Le vieux roi avait demandé à être enterré en toute discrétion, près de ses lévriers. [...] « *Mais qui était ce Frédéric II, que les Alliés ont placé dans leurs efforts de « rééducation » avec Luther et Bismarck dans la même lignée qu'Hitler ? Ce roi mû par la raison et les Lumières n'avait vraiment rien à voir avec un Hitler raciste et empêtré dans ses délires [....] La vieille Prusse était l'antithèse d'Adolf Hitler. Parmi ses dix plus proches compagnons, il n'y avait pas un seul Prussien, mais 75 % des exécutés après l'attentat du 20 juillet étaient prussiens.* [98] »

Pour Frédéric II, le chemin a été long, entre le joyeux temps à Rheinsberg, dans un cercle d'amis pleins de talent et d'humour jusqu'à cette fin solitaire et dénuée d'amour. Autrefois, à Rheinsberg, il vivait dans le monde des sciences, de l'art et de la poésie et se plongeait dans l'esprit de l'Antiquité et des Lumières. C'était l'époque où le prince héritier se détournait, plein de dégoût, des « Principes » de Machiavel, le réaliste cynique, et brossait dans son « Antimachiavel » le portrait d'un prince pour qui la notion du devoir était synonyme du bien-être des sujets : « Le prince, premier serviteur de l'Etat ». [...] Dans son testament de 1752, il écrit : « *Je dois reconnaître que Machiavel a raison.* » On ne peut pas se passer du pouvoir. Mais plus il accumulait de pouvoir, et plus il devenait cynique.

A l'été 1740, Frédéric II est monté sur le trône et en décembre 1740 déjà il a attaqué la Silésie sans raison et sans avertissement et a imposé la guerre à l'impératrice Marie-Thérèse. Le motif : son pauvre pays était constitué de nombreuses parcelles sans lien entre elles. S'il voulait jouer un rôle politique parmi les grands, alors il devait prendre le pouvoir par n'importe quel moyen (A aucune grande puissance on n'a fait cadeau de son Empire.) De grands territoires et de « belles batailles », c'est ce qui donnait du prestige aux monarques de cette époque. Les contrats spoliés, les changements d'alliances, les incursions chez les voisins ne gênaient personne - sauf ceux qui en mouraient ou perdaient leurs modestes biens.

---

[97] In *Die Zeit* du 9 août 1991, *Der alte Fritz und die neuen Zeiten*

[98] In *Die Zeit* du 9 août 1991, *Der alte Fritz und die neuen Zeiten*

D'un point de vue actuel, Frédéric II était un intellectuel : plein d'esprit, maniant l'autodérision, frivole, lecteur insatiable. Il écrivait avec légèreté, ses écrits remplissent 40 volumes, dont trois sont consacrés à sa correspondance avec Voltaire, le plus grand esprit de son époque. En réaction à la brutalité de son père, Frédéric détestait tout ce qui était militaire. L'uniforme était pour lui une « camisole de la mort ». Marion Dönhoff n'oublie pas de rappeler que le « roi philosophe » a fait son métier de roi du 18e siècle, même s'il lui arrivait de pester contre le métier. Mais elle admire son art de gouverner très moderne pour l'époque : il remplaça la corvée par un impôt, développa l'instruction publique, supprima la torture et établit un Etat de Droit. « *L'égalité de tous les citoyens devant la Loi, ce n'était pas une évidence au 18e siècle. C'était aussi nouveau que le roi ne se considérait plus comme propriétaire mais comme gérant de la richesse nationale. La Prusse a en outre été le premier pays d'Europe à mettre en place l'instruction pour tous. [...]*

*Dans le vieux monde de l'absolutisme, ce roi était imprégné de l'esprit des Lumières et le mettait en pratique dans sa politique. L'Etat de Droit, la liberté de conscience et la tolérance étaient ses priorités. Tous les persécutés et les exilés ont trouvé au 18e siècle refuge en Prusse. Frédéric le Grand a imposé la tolérance face aux diverses religions et aux étrangers avec la plus grande fermeté. C'était un règne éclairé mais absolu, car la population comptait plus de 80 % d'analphabètes – les réformes ne pouvaient donc qu'être octroyées d'en haut. A la fin de son règne, la Prusse était devenue la cinquième grande puissance d'Europe, alors que dans le fond toutes les conditions lui manquaient pour cela. [....]*[99] »

Evidemment, ni Marion Dönhoff, ni les autres conjurés du 20 juillet 1944 n'auraient voulu rétablir la Prusse du Vieux Fritz. Deux siècles ont passé. Mais c'est l'homme politique qu'elle admire et la Prusse qu'elle défend.

L'autre grand homme de la vieille Prusse qu'elle admire, c'est le philosophe Emmanuel Kant. Elle voue un véritable culte à cet intellectuel, qui a vécu toute sa vie à Königsberg, de 1724 à 1804, tout en étant ouvert sur les mouvements philosophiques de son temps. Grand penseur de l'Aufklärung, qui correspond au siècle des

---

[99] *In Die Zeit* du 09/08/1991 : *Der Alte Fritz und die neuen Zeiten*

Lumières en France, Kant a exercé une influence considérable sur l'idéalisme allemand, la philosophie analytique, la phénoménologie et la philosophie postmoderne. Ses points d'intérêt allaient de la philosophie des religions, du Droit ou de l'Histoire aux sciences.

Kant a laissé des traces profondes. « *Dans la droite ligne de l'Aufklärung, une couche sociale constituée d'aristocrates, de fonctionnaires, d'universitaires et de marchands cultivés s'est formée en Prusse Orientale, et tout particulièrement dans la capitale Königsberg, qui allait longtemps donner le ton du climat social de la ville. Il y avait là au 19e siècle un esprit de tolérance spécifique, qui permettait aussi une large intégration de la minorité juive*», selon l'historien Andreas Kossert, qui apporte cependant une restriction forte à ce constat : « *Cet esprit libéral de Königsberg était en opposition flagrante à la structure générale de la Prusse Orientale des junkers, imprégnée de nationalisme profondément conservateur, dont le libéralisme des grands propriétaires se différenciait* [100]».

Le meilleur et le pire se sont côtoyés en Prusse Orientale. L'esprit de tolérance hérité des Lumières s'est heurté à une réalité qui n'avait rien de l'élégance intellectuelle de l'Aufklärung. Lors des élections de septembre 1930, juillet et novembre 1932 les électeurs de Prusse Orientale ont voté avec nettement plus d'enthousiasme pour les nazis que les autres régions allemandes. [101] Pourquoi cet enthousiasme de la Provinz pour les nazis ? L'une des raisons en était la solidarité du Reich après les dévastations de la Première Guerre mondiale et la volonté de s'ancrer dans la grande Allemagne, sans en être séparés par le « corridor polonais ».

Marion Dönhoff n'est pas la seule parmi les résistants à appuyer sa morale sur la philosophie de Kant. Helmuth James von Moltke, le penseur politique du « groupe de Kreisau », a profité de ses longs mois de détention avant d'être exécuté pour lire et relire, des manuels d'agriculture (il était lui aussi grand propriétaire terrien), la Bible, des traités de politique et de philosophie. Fin mai 1944, il écrivait à sa femme Freya qu'il relisait la « Critique de la raison pure » de Kant.

---

[100] KOSSERT Andreas, *Damals in Ostpreussen*, p. 48

[101] KOSSERT Andreas, *Damals in Ostpreussen*, p. 49

## Chevauchée vers l'Ouest

Marion Dönhoff qui voit depuis des mois passer les convois de réfugiés de l'Est, s'est préparée pendant les derniers mois de 1944 à l'exode. En secret bien sûr, car préparer la fuite, c'est faire preuve de défaitisme et encourir la peine capitale. Elle a préparé le chargement après avoir observé les colonnes de réfugiés - des femmes, des enfants, des nouveau-nés et des vieillards, parfois aussi des prisonniers français, qui avaient travaillé dans les fermes - dans des chariots trop lourds, mal bâchés. Quand des vaches ou des moutons suivent les convois, ils sont aussi apathiques que les humains. Marion Dönhoff écrit début novembre 1944 à son ami, le Professeur Walter F. Otto que d'abord, c'étaient les Biélorusses, ensuite pendant des semaines des Lituaniens et depuis deux semaines des Allemands, d'abord d'allure slave et avec un dialecte difficilement compréhensible, et maintenant « de vrais compatriotes [102]» qui défilent.

L'idée est de faire avancer les 500 employés de Friedrichstein jusqu'à Quittainen (120 kilomètres à l'ouest) et de là partir ensemble vers l'ouest. Mais les événements s'emballent et finalement les préparatifs s'avèrent en grande partie inutiles.

Les alliés ont débarqué en Normandie depuis plus de six mois. Paris est libéré et Colmar sur le point de l'être. Mais en Allemagne, la propagande veut encore faire croire à la victoire finale. L'Armée rouge avance, elle enfonce les lignes allemandes, mais le gauleiter Koch interdit toujours tout repli organisé de la population vers l'ouest. Et puis, tout d'un coup : ordre d'évacuation !

Le 21 ou 22 janvier 1945, la comtesse apprend que le château de Friedrichstein, où elle est née un peu plus de 35 ans plus tôt, n'est plus accessible. Un fonctionnaire de Preussisch Holland, le chef-lieu de canton, lui apprend par la même occasion l'ordre d'évacuation avant minuit. Il est donc temps de partir. Elle rassemble ses gens et organise le départ, qui tout d'un coup devient imminent. Ils sont hébétés. Malgré les colonnes de réfugiés qu'ils ont vu passer depuis

[102] DÖNHOFF Marion Gräfin, *Ein Leben in Briefen*, p. 84

des semaines, la propagande fait encore son effet. Ils n'arrivent pas à croire que l'Allemagne pourrait abandonner une partie de son territoire. La comtesse fait préparer pour elle-même son alezan Alarich, que son ami Hartmut von Hentig a fait venir pour elle pendant l'été 1944 de Friedrichstein à Quittainen. Elle remplit une sacoche et un sac à dos pour prendre à rebours le chemin pris autrefois par ses ancêtres et quitter définitivement sept siècles d'histoire familiale en Prusse Orientale. Dans sa sacoche : quelques affaires de première nécessité, un petit crucifix espagnol et une cuiller en argent, objets qu'elle gardera précieusement toute sa vie.

Un dîner dans la cuisine avec la cuisinière et deux secrétaires. Inutile de faire la vaisselle, ni de fermer les portes. Il est minuit. Il est urgent de partir.

La relation de sa chevauchée vers l'ouest[103] deviendra plus tard une lecture quasi obligatoire pour des générations de lycéens allemands. Elle y racontera comment elle est partie par moins 20 degrés, en plein hiver enneigé et glacial et comment elle est arrivée chez des parents en Westphalie à l'éclosion du printemps, au temps des premières semailles.

Le départ est chaotique. Le flux de réfugiés grossit à chaque croisement de route. Pour faire les onze kilomètres entre Quittainen et Preussisch Holland, il leur faut des heures sur des routes verglacées. Depuis cette bourgade, elle arrive encore à téléphoner à Friedrichstein où tout est calme. Là bas, inutile de préparer l'exode : ils sont encerclés. Son frère Dieter, qui avait été autorisé à quitter le front pour administrer le domaine, réussit à s'enfuir avec le garde forestier le 22 janvier, sur un traîneau tiré par des chevaux, alors qu'on entend déjà les blindés de la 3e Armée de Biélorussie arrivant sur Friedrichstein. Le frère et la sœur s'étaient mis d'accord pour ne pas s'attendre. Chacun devait décider du moment de son départ.

Quelques grands propriétaires vont réussir grâce à des préparatifs secrets à mener une fuite organisée vers l'ouest. Ainsi, Alexander Fürst zu Dohna-Schlobitten, officier de la Wehrmacht rescapé de la bataille de Stalingrad, a plusieurs fois rencontré sa voisine Marion Gräfin Dönhoff dans les forêts entre Schlobitten et

---

[103] DÖNHOFF Marion Gräfin, *Nach Osten fuhr keiner mehr*

Quittainen pour discuter discrètement des préparatifs. Dans ses mémoires[104] il se souvient avoir fait l'économie de l'achat d'engrais – car de toute façon il savait qu'il n'allait plus faire la prochaine récolte -, ce qui lui permet maintenant d'avoir une belle somme d'argent liquide bien utile pour l'exode. Le prince Dohna part quatre heures après Marion Gräfin Dönhoff. Il réussit à sauver son personnel de Schlobitten et de Prökelwitz : sous sa conduite 330 personnes dans 38 voitures à cheval réussissent en neuf semaines à faire ensemble les 1500 kilomètres jusqu'au Comté de Hoya sur la Weser, près de Brème. C'est probablement la plus imposante caravane de cette tragique épopée hivernale. Là, ils se dispersent mais beaucoup d'entre eux se retrouveront tous les deux ans, pendant les décennies suivantes, à l'initiative des Dohna. 140 chevaux, des trakehner, ont aussi pu être emmenés à l'Ouest, où les Dohna continueront à élever et dresser ces magnifiques chevaux de selle, héritiers de croisements entre une race de Prusse orientale, des pur-sang arabes et des pur-sang anglais.

La comtesse a aussi préparé secrètement la fuite. Mais peu de kilomètres après son départ, elle doit laisser son personnel découragé par la rudesse de l'hiver et de l'exode retourner à Quittainen, attendre les Russes dans l'angoisse, mais chez eux, là où c'est encore chez eux. Ils insistent pour qu'elle continue. Pour tous il est clair que la soldatesque de l'armée soviétique la pendrait ou la fusillerait. En novembre 1944 déjà elle avait écrit à Walter F. Otto que les routes de l'exode seraient très probablement trop congestionnées pour avancer avec l'ensemble du personnel et que dans ce cas elle partirait seule à cheval [105].

Seul le jeune fils du garde forestier, âgé d'une quinzaine d'années, qu'elle va retrouver par hasard un peu plus tard, l'accompagnera sur un deuxième cheval qu'elle tient en bride.

La comtesse apprendra plus tard par une survivante de Quittainen devenue Kwitajny, ce qui s'est passé à l'arrivée de l'Armée rouge. Ceux qui ne sont pas fusillés tout de suite ou déportés

---

[104] DOHNA-SCHLOBITTEN Alexander Fürst zu, *Erinnerungen eines alten Ostpreußen*

[105] DÖNHOFF Marion Gräfin, *Ein Leben in Briefen*, p. 85

vers l'Est doivent travailler la terre et rentrer la première récolte envoyée en Russie, avant d'être expulsés.

Malgré sa grande culture politique elle ne s'est pas doutée que les ouvriers et les paysans de ses fermes seraient eux aussi maltraités, tués ou déportés en Sibérie. Dans « Nach Osten fuhr keiner mehr »[106], elle explique que certes on avait entendu parler des horreurs commises en octobre 1944 par la soldatesque russe dans le village de Nemmersdorf, mais on avait tellement l'habitude de ne pas croire à la propagande, que là encore, elle a pensé que les viols et massacres de femmes et de fillettes étaient exagérés. La propagande nazie a très vite compris tout le parti qu'elle pourrait tirer du martyre des habitants du village de Nemmersdorf, à la frontière orientale de la Prusse. Jusque-là la guerre était décrite par la propagande comme héroïque. Avec Nemmersdorf Joseph Goebbels, le ministre de la Propagande du Reich, voulait faire peur aux civils pour les pousser à défendre l'Etat national-socialiste jusqu'au bout. Le nombre de victimes a été gonflé, les cadavres mis en scène de façon obscène, leur mort – tragique en soi – décrite comme particulièrement odieuse[107]. Exagérations de propagande, certes, mais pas invention et le pire était à venir.

Les exactions sont particulièrement nombreuses et brutales de la part de la soldatesque soviétique, qui se défoule après des années de guerre, de privations et de peur. Elle se venge de ce que l'armée et les occupants allemands ont fait sur et derrière le front russe. Les viols systématiques sont tolérés voire encouragés par la hiérarchie militaire.

L'officier Lev Kopelev, qui sera plus tard un ami proche de Marion Dönhoff, fait de la prison pour avoir protesté contre les viols. Alexandre Soljenitsyne, à l'époque également jeune officier de l'Armée rouge écrira un poème, publié dans le recueil « Nuits en Prusse Orientale », en souvenir d'une femme qu'il trouve agonisante dans une masure et qui lui demande d'avoir la bonté de l'achever.

---

106 DÖNHOFF Marion Gräfin, in *Namen, die keiner mehr nennt*, p. 27

107 KOSSERT Andreas, *Damals in Ostpreussen*, p. 144

*Vingt-deux, rue Höring*
*Le feu, pas encore, mais la désolation après le pillage.*
*Etouffé par un mur – un gémissement :*
*En vie, je trouve encore la mère.*
*Y en a-t-il eu beaucoup sur le matelas ?*
*Une compagnie ? Une section ? Qu'importe !*
*La fille – encore une enfant, tuée d'emblée.*
*Tout selon le principe :*
*RIEN OUBLIER ! RIEN PARDONNER !*
*SANG POUR SANG – et dent pour dent.*
*Les vierges deviennent femmes,*
*Et les femmes – bientôt cadavres.*
*Comateuse déjà, les yeux en sang,*
*L'une d'entre elles implore : « Tue-moi, soldat ! »*

A Quittainen aussi un colonel russe essaye - d'après un historien amateur local cité par Tatjana Gräfin Dönhoff - d'empêcher les pires exactions. Il est exécuté par ses compatriotes. Les livres de la bibliothèque du château servent à alimenter un feu de joie des vainqueurs. L'école, la pharmacie et la poste sont incendiées[108].

Les viols à grande échelle des femmes et souvent des fillettes allemandes resteront longtemps un sujet tabou dans l'Allemagne d'après-guerre. Le choc, la honte, le chaos ambiant et la nécessité de reconstruire l'Allemagne et la vie de tout un chacun vont pousser les femmes à enfouir au plus profond d'elles-mêmes ce traumatisme. Il ressurgira dans les années 90 avec les viols systématiques lors de la guerre des Balkans après l'éclatement de la Yougoslavie.

Avec le recul historique nécessaire, la jeune génération d'historiens a recueilli les témoignages de victimes encore vivantes, compulsé les archives. L'historien Heribert Schwan a attendu dix ans après le suicide de l'épouse de l'ancien chancelier Helmut Kohl, pour publier en 2011 une biographie de Hannelore Kohl, dans laquelle il révèle que cette dernière aurait été, elle aussi traumatisée par un,

[108] DÖNHOFF Tatjana Gräfin / RÖTTGER Jo, *Weit ist der Weg nach Westen*, p. 26

voire des viols par des soldats de l'Armée rouge alors qu'elle n'avait que 12 ans[109].

Selon des estimations récentes, près de deux millions d'Allemandes auraient été violées par cette horde impitoyable. Cette blessure de guerre, bien moins visible qu'une jambe amputée ou les photographies de jeunes soldats de la Wehrmacht morts au front de l'Est (ou ailleurs), pieusement conservées sur les buffets des salles à manger familiales, a au moins autant influencé l'attitude des générations allemandes d'après-guerre face à l'URSS et au communisme.

Les prisonniers de guerre russes, eux, savaient et craignaient ce qui les attendait. Ils se doutaient bien qu'ils allaient être accusés de sabotage pour avoir servi l'ennemi au lieu de lui trancher la gorge. La Wehrmacht avait fait plusieurs millions de prisonniers, dont une partie était employée dans les usines et les fermes.

Les employés de Quittainen qui ont décidé de fuir ne connaissent pas tous un sort plus enviable. Ainsi l'une des secrétaires des Dönhoff, Fraulein Markowski, qui a cru jusqu'au bout en Hitler, monte à Dantzig à bord du paquebot Gustloff, qui doit évacuer 6000 à 9000 réfugiés civils et militaires par la baie de Dantzig. Le 30 janvier 1945 il est torpillé et coulé par la marine russe. Seuls quelques centaines de passagers peuvent être sauvés. Cet épisode de la Deuxième Guerre mondiale restera lui aussi longtemps enfoui dans la mémoire collective.

Pendant les derniers mois de la guerre c'est la propagande nazie qui ne voulait pas mettre en avant la tragédie du Gustloff qui devait forcément saper encore plus le moral de la population. Puis, la guerre finie, les Allemands vont surtout s'efforcer de survivre. Ceux qui évoqueront les victimes allemandes de la guerre passeront rapidement pour des revanchards et la culpabilité allemande interdira de s'apitoyer sur son sort. Les émotions et la mémoire auront besoin de plusieurs décennies pour pouvoir s'exprimer sans arrière-pensée. Günther Grass consacrera en 2002 enfin un roman au Gustloff : « En crabe ». Un téléfilm à très grande audience sur la tragédie du Gustloff suivra. Un autre racontera en 2007 l'exode des

---

[109] SCHWAN Heribert, *Die Frau an seiner Seite*, p. 56

Allemands de Prusse Orientale. Tatjana Gräfin Dönhoff, la petite-nièce de Marion Dönhoff, participera à ces reconstitutions.

Revenons à l'hiver 1945. Pendant l'exode une bonne préparation, des nerfs solides, une bonne santé, oui, c'est important. Mais il faut aussi beaucoup de chance. Pendant sa chevauchée, Marion Dönhoff voit le terrible exode hivernal avec des scènes qui semblent sorties des gravures de Goya sur les horreurs de la guerre.

Ainsi, alors qu'elle va traverser le pont de chemin de fer sur le fleuve côtier Nogat, près de Dantzig, elle aperçoit trois formes humaines en uniforme, qui traversent clopin-clopant. D'après la description qu'elle en fera plus tard, ces trois-là ressemblent aux aveugles de Pieter Breughel, l'un plus mal en point que l'autre. Ils étaient dans un hôpital militaire. Au moment de l'évacuation devant l'avancée de l'Armée rouge, le personnel a proposé à chacun de se sauver par ses propres moyens – ou de rester. Ils sont les seuls à avoir eu la force de partir. « *L'un s'appuyait sur des béquilles, un autre sur une canne, le troisième avait un gros pansement sur la tête et la manche droite de son manteau pendait mollement à ses côtés. [...] Pour moi, c'était l'image de la fin de la Prusse Orientale : trois soldats moribonds qui se traînaient vers la Prusse occidentale. Et une cavalière dont les ancêtres étaient partis il y a 600 ans d'Ouest en Est vers la contrée sauvage au-delà de la rivière et qui maintenant s'en retourne vers l'ouest* [110]», écrira la journaliste plus tard. Mais jusqu'où iront-ils avec leurs béquilles, cannes et pansements sur la tête ? Vont-ils braver ainsi le vent glacial sur des centaines de kilomètres alors qu'ils sont talonnés par la déferlante de l'Armée rouge ?

Elle aurait pu croiser aussi l'une des colonnes de prisonniers en haillons, poussés par leurs geôliers lors des longues marches de la mort après l'évacuation des camps de concentration.

Les routes de Prusse en cet hiver 45 sont l'enfer sur terre. Un incident apparemment banal lui coûte presque la vie. Un jour elle perd ses gants fourrés. Par le froid et le vent de cet hiver 45 c'est une catastrophe absolue mais son sens pratique la sauve. D'abord, elle les remplace par une paire de grosses chaussettes de ski puis elle coupe

---

[110] DÖNHOFF Marion Gräfin, *Nach Osten fuhr keiner mehr*

et coud lors d'une étape dans une maison une paire de gants à partir d'épais double-rideaux.

Les chevaux ont du mal à avancer sur la chaussée verglacée et encombrée de fugitifs et il est impossible de les faire passer sur des chemins secondaires ou à travers champs car ils s'y enfonceraient jusqu'au ventre dans la neige. Il faut absolument veiller à ce que le cheval ne se blesse pas et qu'il ne soit pas volé pendant les quelques heures de sommeil.

Quand, enfin arrivée à la frontière occidentale de la Prusse Orientale, mais de loin pas encore au bout de sa chevauchée, elle est prise d'une irrésistible envie de faire demi-tour, de prendre un train vers Königsberg, l'employé de la gare de Dirschau la regarde comme si elle demandait un billet pour la lune : « *Non, il n'y a plus de train pour l'Est* [111] ». Heureusement pour elle. Hans Lehndorff, le seul cousin qui survit, publiera le journal qu'il a tenu pendant et juste après la chute de Königsberg où il était médecin[112]. Ce récit donne une idée de l'anarchie, la terreur, la faim et la misère qui règnent à la fin de la guerre dans la capitale de la Prusse Orientale détruite.

La comtesse vit plus d'une aventure surréaliste pendant sa longue chevauchée, comme cette colonne de prisonniers de guerre français qui ont cloué des patins sous leurs valises en carton pour les tirer derrière eux dans le silence de l'immensité enneigée, comme des luges. 130 ans avant eux, la Grande Armée napoléonienne les a précédés sur ce chemin de débâcle.

Surréalistes aussi, ces deux nuits passées à Varzin (devenue Warcino, village polonais après guerre) chez la vieille comtesse Bismarck. Elle y arrive au bout de quatre semaines de chevauchée. Elle peut enfin dormir dans des draps de lin propres, laver son linge, laisser Alarich se reposer. La bru du chancelier Bismarck, qui a déjà fait creuser sa tombe dans le jardin, la reçoit. Elle a fait mettre en sécurité les archives mais elle refuse de partir. Avec les repas le vieux majordome, qui refuse lui aussi de fuir, sert aux deux femmes les vins les plus exquis. L'armée soviétique est déjà tout près mais seule Marion Dönhoff a la volonté de reprendre la route, toujours

---

[111] DÖNHOFF Marion Gräfin, *Nach Osten fuhr keiner mehr*

[112] LEHNDORFF Hans Graf von, *Ostpreußisches Tagebuch*

accompagnée du jeune fils de son garde forestier. Quand deux semaines plus tard, le 6 mars, les blindés de l'Armée rouge entrent dans le parc, Sibylle Gräfin von Bismarck-Schönhausen avale le cyanure qui va lui permettre de rejoindre dans l'autre monde son mari - un ancien gouverneur du Reichsland Alsace-Lorraine, puis président de Prusse-Orientale - et son fils, tombé à la guerre, dans un autre monde. Le majordome sera fusillé sans autre forme de procès. Plus tard, des villageois transféreront la dépouille de Sibylle Gräfin von Bismarck-Schönhausen, enroulée dans un tapis, dans le cimetière familial, près de son mari et de son fils.

Arrivée à l'Oder, Marion Dönhoff voit des soldats allemands essayer de couper la route des chars russes en mettant des explosifs sous la glace. En vain. Ils essayent aussi de scier la glace, mais à moins 30 degrés la glace se reforme avant que les morceaux ne puissent être désolidarisés.

Certes Marion a un caractère bien trempé et c'est une sportive. Mais comment fait cette jeune femme de 35 ans, accompagnée d'un adolescent, pour traverser à cheval l'Europe à feu et à sang, alors que des centaines de milliers de réfugiés bloquent les routes d'un exode dantesque ? Sa petite-nièce Tatjana Gräfin Dönhoff, qui refera la route en 2005, se posera aussi la question :

« *Fin février 1945, les habitants de Poméranie étaient encore tous chez eux, à la maison, pensant qu'ils ne devront pas fuir. Les Prussiens ont pu trouver ainsi à se loger et se nourrir. Surtout ceux qui, comme Marion et Georg, avaient de bonnes cartes et pouvaient donc utiliser les voies secondaires. Mais c'était une petite minorité. La plupart des fugitifs, surtout des femmes, des enfants et des personnes âgées, n'avaient jamais quitté leurs villages et petites villes, sauf peut-être pour un voyage de noces de deux jours à Allenstein ou Elbing, Memel ou Königsberg. Mais plus à l'ouest, a fortiori jusqu'à Berlin, ils n'étaient jamais allés.*

*Pour les nobles et les grands bourgeois, les intellectuels et les commerçants de l'Est, c'était différent. Ils avaient « vu du pays » : En hiver, ils avaient dansé aux bals donnés à Berlin, ils avaient parié sur les chevaux aux courses de Hoppegarten, avaient leurs dîners d'affaires à l'hôtel Adlon, visitaient des galeries d'expositions et participaient à des cercles littéraires. Ils allaient faire du ski en Suisse, se rendaient à Paris et à Londres. Ils pouvaient compter sur un large cercle amical et familial dans l'ouest de l'Allemagne. Ceux qui bénéficiaient de ces contacts en ont profité en 1945 car ils ont pu se diriger vers ces connaissances et ces parents, quand leurs domaines étaient sur le chemin. Le prince Dohna par exemple, a conduit son long convoi sur de grandes distances d'un domaine à l'autre. Il connaissait les propriétaires et était sûr de leur accueil. Les habitants des villages et petites villes devaient rester sur les grandes routes embouteillées car ils se déplaçaient dans des régions qui leur étaient totalement inconnues. Ils ne connaissaient personne, chez qui ils auraient pu faire une halte, ne savaient pas bien où ils étaient, ni même où ils allaient. Sur des routes secondaires ils se seraient irrémédiablement perdus. Presque aucun d'entre eux ne disposait de carte détaillée. Un autre avantage de la société plus cultivée : prévoyants, on s'était procuré des cartes militaires détaillées, avec tous les chemins et tous les hameaux.*

*Marion aussi s'était secrètement procuré de telles cartes d'état-major. Et puis, elle était une voyageuse expérimentée. Elle avait été à l'école à Potsdam, avait étudié à Bâle, vu Paris et Rome, était allée à la chasse avec son frère Christoph au Kenya, elle était allée en voiture avec sa sœur aînée Yvonne dans les années 30 jusqu'en Perse, en passant par le Caucase. Une extraordinaire aventure à l'époque pour deux jeunes femmes sans accompagnement masculin. Cela ne rendait bien sûr pas moins effroyable l'expérience de la fuite, mais* [Marion et Georg] *n'étaient pas perdus dans un pays inconnu. Ils pouvaient utiliser les voies secondaires et ils avaient la possibilité de faire étape chez des amis ou des parents dans l'Ouest de l'Allemagne.* [113] »

Exode possible donc, mais pas simple pour autant. Dès qu'elle croit enfin arriver, Marion Dönhoff doit à chaque fois repartir. D'étape en étape, les Allemands à qui il était quelques heures auparavant encore strictement interdit de préparer une fuite, sous peine d'accusation de défaitisme, prennent à leur tour leur place dans le flot de réfugiés.

La famille s'était, en secret, donné plusieurs points de rendez-vous. Avec son frère Dieter, Marion a par exemple rendez-vous à Varzin, chez la comtesse Bismarck. Il y a bien fait une halte, mais son

---

[113] DÖNHOFF Tatjana Gräfin / RÖTTGER Jo, *Weit ist der Weg nach Westen*, p. 194

traîneau étant plus rapide, il avait déjà filé. Il était convenu qu'on ne s'attendrait pas.

A Fürstenau la fugitive espère retrouver sa cousine et belle-sœur Sissi. Celle-ci avait réussi à fuir à la faveur d'un bombardement allié fin août 1944 la prison de la Gestapo à Königsberg où elle avait été enfermée avec sa mère après l'attentat manqué du 20 juillet 1944 contre Hitler. Sissi a retrouvé à Fürstenau ses trois enfants, qu'elle y avait expédiés par prudence après l'attentat dans lequel son frère Heini Lehndorff était impliqué. La famille a quitté le château trois jours avant l'arrivée de Marion, qui dira plus tard : « *Il semblait que le mot arriver devait être rayé de notre vocabulaire.* [114]»

Elle continue vers l'ouest et fin mars, elle arrive au château de Vinsebeck chez ses amis Metternich. Elle est enfin à l'Ouest, en Basse-Saxe, entre Hanovre et Göttingen. L'armée US réside déjà au château. Un soldat tue le temps en tirant sur les poissons rouges. Certes, la vie n'est pas comme avant guerre, mais Wolf et Mädi Metternich sont là avec leurs quatre enfants. Le comte se remet de ses graves blessures de guerre à Saint-Malo, mais sinon la famille va aussi bien que possible dans cette Allemagne de fin mars 1945. C'est une « ressuscitée » que les Metternich voient passer le pont enjambant les douves dans lesquelles se reflète leur élégant château baroque blanc : un bruit avait couru en février, faisant croire qu'on a trouvé le cadavre de Marion sur les bords de la Vistule.

Vivante, mais épuisée. Son fidèle alezan Alarich, qui l'a portée jusqu'ici, restera à Vinsebeck, où il coulera encore quelques années tranquilles. Marion ne remontera plus ou très exceptionnellement à cheval mais d'après sa petite-nièce Tatjana, elle gardera toujours une photographie d'Alarich dans son porte-monnaie.

Après une pause Marion Dönhoff repart à la recherche de sa famille, vers Brunkensen et Bad Eilsen à l'ouest de Hanovre. C'est à Bad Eilsen qu'elle retrouve enfin son frère Dieter et la femme de celle-ci, sa cousine Sissi.

Plus de 1500 kilomètres en huit semaines, c'est pour Marion Gräfin Dönhoff la distance entre l'hiver et le printemps, entre le crépuscule allemand et la renaissance allemande.

---

[114] DÖNHOFF Marion Gräfin, *Nach Osten fuhr keiner mehr*

Quant à Georg Wagner qui l'a accompagnée pendant toute la chevauchée il deviendra garde forestier, comme son père.

Cette épopée semble tout droit sortie d'un téléfilm. D'ailleurs le téléfilm « Die Flucht », diffusé en 2007 en a bien des images. Mais quand on s'enfonce dans les souvenirs des « Heimatvertriebenen » (les « expulsés de leur patrie »), l'épopée de la cadette des enfants Dönhoff n'est même plus tellement extraordinaire. Ces millions de déracinés vont longtemps taire leur terrible exode. Il n'est pas étonnant que les souvenirs de Marion Dönhoff trouvent après guerre un immense écho en Allemagne. Les plus connus de ses ouvrages restent « Kindheit in Ostpreussen » et « Nach Osten fuhr keiner mehr [115]».

---

[115] DÖNHOFF Marion Gräfin, *Kindheit in Ostpreußen*/ édition française : *Une enfance en Prusse orientale* et DÖNHOFF Marion Gräfin, *Nach Osten fuhr keiner mehr*

# *DEUXIÈME VIE*

# Revivre dans les décombres de l'Allemagne

La guerre est finie en Europe. Enfin. Allemagne, heure zéro. Tout est à reconstruire. Pour tous. Pour Marion aussi. Ce qu'on a coutume d'appeler en Allemagne sa « deuxième vie » peut commencer.

La famille s'était donné rendez-vous sur les terres du comte Görtz. Le fils du comte, un « demi-juif » selon la terminologie nazie, a survécu à la terreur brune en travaillant à Friedrichstein où seuls les Dönhoff étaient dans le secret. Marion retrouve son frère Dieter avec son amie, cousine et belle-sœur Sissi ainsi que leurs enfants. Yvonne, la sœur aînée de Marion, arrive avec son mari et sa fille.

La jeune femme, âgée de 36 ans, est ouverte à toute proposition de nouveau travail : elle imagine gérer un petit hôtel à Hanovre ou diriger un domaine agricole en Westphalie.

Les trois enfants de son frère Heinrich, dont la femme Dorothea est décédée en avril 1945, à 28 ans, ont été recueillis par leurs grands-parents maternels au château de Crottorf dans l'actuel Land de Rhénanie-Palatinat. La famille maternelle les adopte et empêche ainsi que le nom de Hatzfeldt ne disparaisse, alors que le seul homme jeune de la famille est tombé en 1941 sur le front russe.

Leur tante Marion va régulièrement passer ses Noëls avec eux à Crottorf et une partie de l'été au bord de la mer Baltique. Pendant les vacances d'automne ils s'installent chez elle, à Hambourg.

Dorothea Gräfin von Hatzfeldt avait demandé par testament à sa mère et à sa belle-sœur Marion de veiller sur l'éducation de ses enfants. Marion les conseillera par exemple dans leurs études. Ainsi, Hermann Hatzfeld, le neveu dont elle est le plus proche, fera ses études d'abord à Bâle, puis en Afrique noire et enfin à Princeton. Il l'accompagnera très longtemps dans ses déplacements. A Alice Schwarzer il dira non sans autodérision : « *Je jouais en quelque sorte le rôle de l'épouse.* [116]» De leur côté, les enfants auront leur mot à dire quand on lui proposera bien des années après-guerre un poste de diplomate ou quand il s'agira d'acheter une nouvelle voiture : pas

---

[116] SCHWARZER Alice, *Marion Dönhoff*, p. 201

une Mercedes, trop vieux-jeu et petit-bourgeois au goût des jeunes, une Porsche plutôt.

En 1945 les médias allemands sont réduits à l'état de décombres, à l'image du pays et de la société. En mai 1945 le commandement militaire britannique met en place dans son secteur un système de licences pour la publication de journaux. Editeurs et journalistes doivent passer devant une commission de dénazification. Les rares professionnels des métiers du journalisme et de l'édition qui ont pu survivre à la terreur nazie sans « se salir les mains » obtiennent ces autorisations à publier des journaux. Les « officiers de presse » britanniques les accompagnent pendant les premières années. Les publications dépendent du même type d'autorisations dans les secteurs américain et français.

La nouvelle presse démocratique allemande, sous licence des Alliés, prend ainsi trois ans d'avance sur la réforme monétaire de 1948 dans l'ouest de l'Allemagne, qui regroupe les zones britannique, américaine et française, et le « miracle économique allemand » qui va suivre.

La presse allemande d'après-guerre et de la guerre froide va être fortement dominée par une poignée d'éditeurs, tels que Rudolf Augstein (hebdomadaire « Der Spiegel »), Franz Burda (éditions « Burda »), Gerd Bucerius (hebdomadaire « Die Zeit »), Richard Gruner (Editions « Gruner & Jahr »), Axel Springer (quotidien BILD), Henri Nannen (hebdomadaire « Der Stern ») et influencée par de grands journalistes comme Joachim Fest et Marcel Reich-Ranicki pour la culture, Peter Scholl-Latour et Günter Wallraff pour les grands reporters. En France, cela correspond à l'époque de Hubert Beuve-Méry, Pierre Lazareff, Hélène Lazareff, Françoise Giroud, Jean-Jacques Servan-Schreiber, Jean Daniel.

Les grands éditeurs allemands de quotidiens et de magazines vont se livrer pendant ces décennies des batailles homériques. Ils essayeront, parfois avec succès, non seulement de se disputer le lectorat mais aussi de racheter des parts de publications les uns aux autres. En même temps, leur passion et leur ambition les lieront. A l'exception notable de Franz Burda, qui construit son empire à Offenburg, petite ville du pays de Bade, face à Strasbourg, les principaux éditeurs de journaux et magazines s'installent à

Hambourg. La « Hamburger Kumpanei » va longtemps désigner les grands hommes de presse qui œuvrent depuis Hambourg. Ces grands garçons bagarreurs et coureurs de jupons, qui étaient jeunes adultes pendant la Deuxième Guerre mondiale, et s'acquittent au fil des décennies de multiples pensions alimentaires, savent aussi se serrer les coudes.

Quand, lors de l'affaire qui opposera « Der Spiegel » et l'homme politique bavarois Franz-Josef Strauss, le patron de l'hebdomadaire Rudolf Augstein sera incarcéré et les scellés mis aux bureaux de sa rédaction, les autres rédactions de Hambourg, dont « Die Zeit », offriront spontanément aux confrères du « Spiegel » de les héberger. Economiquement tous les coups sont permis entre éditeurs mais dans l'Allemagne libérée du joug nazi on ne plaisante pas avec la liberté de la presse.

Un monde de garçons, certes. Mais tout comme Hélène Lazareff, Françoise Giroud ou Michèle Cotta en France, quelques femmes de presse sauront se faire une place dans le monde des médias allemands des décennies d'après-guerre. Marion Dönhoff fera partie de ces rares femmes.

Pour le moment rien ne la prédestine ouvertement à ce rôle. Pendant que la famille organise la survie, la jeune femme donne des cours à ses neveux et nièces, essaye de remplacer les enseignants dans le chaos de l'immédiat après-guerre.

Elle prend tout de même le temps de repartir vers l'est, à Weimar. C'est là-bas qu'un ami avait été chargé de déposer les bijoux hérités de sa mère, la comtesse Ria, et de sa grand-mère. Le vieil helléniste Walter F. Otto, qui selon Klaus Harpprecht avait eu l'autorisation de quitter Königsberg fin 1944 grâce à son âge, a eu le temps de lui faire savoir, alors qu'elle était encore à Quittainen, qu'il avait déposé les objets précieux dans le coffre d'une banque[117]. L'immeuble de la Dresdner Bank est encore debout mais tous les coffres ont été pillés. La jeune femme s'entretient avec le directeur, qui au bout d'un moment se souvient qu'un coffre a échappé au pillage.

- *Vous vous souvenez du numéro de votre safe ?*

---

[117] HARPPRECHT Klaus, *Die Gräfin*, p. 339

- *Oui, 121*[118]

Le banquier peut donc lui remettre les bijoux de famille.

Ce ne sont pas les seuls objets que Marion Gräfin Dönhoff a réussi à sauver, car comme de nombreux Allemands elle avait prévu la catastrophe finale et avait su et pu organiser le sauvetage d'une partie de l'argenterie et autres objets d'art de Friedrichstein[119].

Et elle commence à se mêler des affaires publiques, sans que personne ne le lui demande. La comtesse observe ce qui se passe en zone britannique autour de Brunkensen et estime que la force d'occupation fait beaucoup de « bêtises », ce qui ne manque pas de superbe. Elle écrit donc deux longs mémoires, qui n'atteindront jamais leurs destinataires – à moins que ceux-ci ne daignent pas répondre. « *C'était incompréhensible pour tout le monde, étrangers et Allemands, comment le peuple des poètes et des penseurs, ce laboratoire intellectuel de l'Europe, avait pu suivre ces gens. Je l'ai expliqué et écrit ce qu'il fallait faire maintenant*[120] », dira-t-elle plus tard avec l'aplomb qui la caractérise.

Dans sa longue missive, la comtesse salue la volonté des Alliés d'éradiquer toute idéologie national-socialiste. Elle explique comment le peuple allemand, « *surtout la classe moyenne* », s'est laissé berner par la propagande nazie. Et surtout elle demande que les Allemands apprennent que les meilleurs d'entre eux ont depuis longtemps mené un combat héroïque mais sans succès contre les nazis. L'articulation principale entre sa première et sa deuxième vie est dans ce texte. Elle consacrera une bonne part de sa deuxième vie à faire connaître la droiture, le courage et l'héroïsme de ses amis engagés dans la Résistance.

Cette tâche accomplie, Marion enfourche un vélo et part en Bavière, à la recherche d'amis ou d'un ami, le colonel Joachim von Busse qui se remet d'une blessure de guerre.

Par un mystère qui fait maintenant partie des légendes de l'Histoire allemande récente, l'une des notes envoyées par Marion Dönhoff aux forces d'occupation se retrouve sur le bureau des

---

[118] KUENHEIM Haug von, *Marion Dönhoff*, p. 43

[119] HECK Kilian Heck, THIELEMANN Christian, *Friedrichstein*

[120] SWR / Die Zeit, *Marion Gräfin Dönhoff - Gespräche zwischen 1953 und 1998*

quelques hommes qui sont sur le point de fonder un nouvel hebdomadaire au format journal, « Die Zeit ». Les détenteurs de la « Lizenz », l'autorisation de publier, sont enchantés par la fraîcheur et la clarté du texte. Ils envoient un télégramme à l'auteure. Elle finit par recevoir la missive quelque part dans cette Allemagne encore terriblement désorganisée et lit « *Prière venir immédiatement Hambourg. Possibilité collaboration hebdomadaire en création* ». Quel jeune journaliste oserait de nos jours rêver d'un tel SMS de la part de « Le Monde » à Paris ou « Le Temps » à Genève ? Une fois de plus Marion Gräfin Dönhoff a une chance inouïe et elle sera toute sa vie reconnaissante pour ce privilège.

Elle part donc début 1946 pour Hambourg. C'est bien sûr toute une aventure et le voyage dure un jour et demi à pied, en charrette, sur un tas de charbon[121]. Dans les ruines de la grande ville portuaire, l'immeuble Broschek, qui avait déjà abrité des rédactions et une imprimerie avant-guerre est certes fortement endommagé mais utilisable comme maison de la presse. Il faut le disputer aux décombres et aux rats, mais il y a de quoi caser des bureaux et même des lits de camp pour les journalistes qui ne savent pas où dormir.

Reconnaissante, elle le sera aussi aux Alliés, même s'ils n'ont pas entendu ou pas écouté ses leçons d'immédiat après-guerre : *« On ne savait qu'une chose, c'est qu'on ne voulait pas retourner dans la période d'avant-guerre, d'avant Hitler, pour ne pas encourir le même danger. Mais comment faire, ça nous n'en avions qu'une vague idée. Et là je dois dire que nous devons énormément aux Alliés. Démocratie et pluralisme, tels qu'on les trouve dans notre Loi fondamentale* (Constitution allemande) *doivent beaucoup à l'influence des Anglais et des Américains. Nous devrions leur être beaucoup plus reconnaissants que nous ne le sommes* [122]», dira-t-elle dans une interview de la radio SWR en 1998.

Cette reconnaissance et les efforts pour reconstruire sa vie n'arrivent pas tout à fait à épargner à la réfugiée les moments d'abattement. C'est ainsi que dans une lettre à son vieil ami suisse

---

[121] SWR / Die Zeit, *Marion Gräfin Dönhoff - Gespräche zwischen 1953 und 1998*

[122] SWR / Die Zeit, *Marion Gräfin Dönhoff - Gespräche zwischen 1953 und 1998*

Carl Jacob Burckhardt elle se souvient avec nostalgie d'une rencontre à Crans, dans les Alpes bernoises : « *J'ai souvent pensé aux jours à Crans, où le monde me semblait déjà irréel, et pourtant il y avait encore une once d'espoir. Nous tous vivions de l'espoir d'un « après , et avec cette certitude on pouvait tout supporter.* [123] »

---

[123] DÖNHOFF Marion Gräfin, *Ein Leben in Briefen,* p.99

## Pendant ce temps en Prusse Orientale

Une plaisanterie cynique circulait à la fin de la guerre en Allemagne : « *Profitez bien de la guerre. La paix sera terrible !* [124] » L'immédiat après-guerre est effectivement terrible en Prusse Orientale.

Une jeune paysanne, qui a 17 ans à l'époque, racontera plus tard la nuit du 26 au 27 janvier 1945 à Friedrichstein: Elle est attrapée avec sa famille par les soldats, qui les dépouillent de leurs montres et manteaux avant de les emmener et enfermer dans une salle du château. Ensuite ils emmènent les jeunes filles et jeunes femmes à l'étage. Là elle réussit à résister aux soldats qui veulent la violer, mais de rage ils la frappent et la jettent en bas de l'escalier où elle s'évanouit. Elle est réveillée par un gros bruit. Les flammes se rapprochent de plus en plus quand des soldats ouvrent les portes de l'extérieur et leur ordonnent de sortir. Juste après le toit s'effondre. Est-ce une destruction voulue par l'Armée rouge ? La jeune femme est persuadée du contraire : « *Les Russes étaient sûrement tous ivres. Ils fêtaient leur victoire. S'il y a une chose que je ne crois en aucun cas, c'est qu'ils aient fait exprès de mettre le feu au château. C'était un quartier général, bourré de soldats qui avaient pris leurs aises et dehors on avait presque moins 30°.* [125] »

Terreur nazie, guerre, assassinat des Juifs, exode dans la précipitation et des conditions climatiques extrêmes, terreur soviétique, déportation vers la Sibérie après guerre, froid et famine : plus de 500 000 des quelque 2,5 millions d'habitants de Prusse Orientale ne vont pas survivre à la guerre. Plus de 300 000 étaient des civils[126].

En février 1945, six mois après la libération de Paris et alors que Colmar est enfin libérée aussi, le flot des réfugiés allemands

---

[124] HARPPRECHT Klaus, *Die Gräfin*, p. 401

[125] HECK Kilian Heck, THIELEMANN Christian, *Friedrichstein* (contribution de Heinrich LANGE)

[126] d'après diverses sources historiques concordantes, dont l'historien Andreas Kossert

s'écoule de Prusse Orientale mais aussi de Silésie et des Sudètes vers l'ouest.

Staline avait déjà demandé lors de la Conférence de Téhéran en 1943, que les Russes obtiennent les ports de Königsberg et Memel qui sont hors gel toute l'année, avec une partie de la Prusse Orientale. Au printemps 1945 la moitié nord de la « Provinz » est occupée par l'Armée rouge. Lors de la conférence de Potsdam d'août 1945, les Soviétiques obtiennent la partie nord de la Prusse Orientale, alors que la partie sud (la Mazurie) est accordée à la Pologne. Les gouvernements d'exil polonais et tchécoslovaques et les Alliés se sont aussi mis d'accord pour que soient chassées les populations allemandes habitant encore en Europe centrale.

Presque 140 000 Allemands survivent dans l'immédiat après-guerre dans la partie soviétique de la Prusse Orientale. Avant guerre ils étaient plus d'un million dans cette partie de la province. Beaucoup de ces « naufragés » se terrent dans les décombres de Königsberg. La capitale, ville universitaire et portuaire, a été bombardée par les Anglais puis assiégée par l'Armée rouge. Elle est détruite. Il y a 60 % de femmes, 30 % de mineurs. Les forces d'occupation soviétiques font d'abord travailler ceux qui le peuvent dans les sovkhozes (fermes d'Etat) avec les quelques fermiers ou ouvriers agricoles qui sont encore dans les fermes ou qui sont revenus sur leurs pas pendant l'exode.

Le 7 avril 1946 Königsberg est officiellement intégrée à l'URSS. Le 4 juillet la ville est renommée Kaliningrad, en hommage à Michael Kalinin, un proche de Staline, qui vient de décéder. Tous les autres noms de lieux sont russifiés.

La situation des Allemands qui survivent encore en Prusse Orientale est apocalyptique. Hans Graf Lehndorff, un cousin de Marion Dönhoff et de Heinrich Lehndorff, passe deux ans comme médecin dans Königsberg. Il réussira à sauver ses notes et publier ses souvenirs une fois arrivé en Allemagne de l'Ouest au terme d'une odyssée qui n'aura rien à envier à celle de sa cousine Marion. Grâce à ce « Ostpreussisches Tagebuch » les Allemands de l'Ouest auront connaissance de la tragédie qui s'est jouée au jour le jour dans les ruines de Königsberg vouée à l'anarchie, la famine et la brutalité de la soldatesque soviétique. Même à l'hôpital où il essaie de soigner des malades et des blessés dans des conditions dantesques le personnel et les patients ne sont pas à l'abri des pillages et des viols.

A leur façon, les vainqueurs finissent par reconnaître la gravité de la situation. Le général de brigade Trofimow écrit en avril 1947 à son supérieur, le général d'Armée Kruglow, à Moscou : « *Etant donné sa faiblesse physique, une partie importante de ces Allemands n'est pas capable d'avoir un travail salarié et n'a pas d'occupation utile pour la société. Les autres 36 600 personnes travaillent essentiellement dans les sovkhozes du ministère de l'Armée, en partie dans les sovkhozes de l'industrie bouchère et laitière et dans d'autres industries de la région. [...] La population allemande sans travail - à l'exception des invalides et des enfants, regroupés dans des orphelinats et des maisons de retraite - ne recevant aucune alimentation, est particulièrement famélique.* » Trofimow décrit ensuite les conséquences de cette misère : vols de victuailles, pillages et même meurtres des plus sordides : « *Au premier trimestre 1947 il y a même eu des cas de cannibalisme, douze cas enregistrés dans l'ensemble de la région. Dans les cas de cannibalisme, certains Allemands ont non seulement utilisé la viande prélevée sur des morts mais ont aussi tué leurs enfants ou autres membres de la famille. Il y a eu quatre meurtres pour cannibalisme.* [127]» L'officier en conclut que la population allemande a une influence néfaste sur le développement du nouveau territoire soviétique et qu'il faut donc la transférer – un « transfert organisé » - vers l'Allemagne sous occupation soviétique.

Marion Dönhoff a confirmation en 1947 dans la lettre émouvante et terrifiante d'une femme allemande restée à Quittainen en attendant d'être enfin chassée, que Quittainen n'a pas été épargnée par les meurtres, viols, travaux forcés et déportations vers l'Oural. La missive nomme les voisins fusillés, suicidés, déportés, morts du typhus ou d'autres maladies. Une petite fille est née il y a un an, mais « *Madame Keller n'est plus que l'ombre d'elle-même, ce qui n'est pas étonnant par ces temps, et en plus avec un petit* [128] ».

---

[127] ARBURG Adrian von / BORODZIEJ Wlodzimierz / KOSTJASCHOW Jurij, *Als die Deutschen weg waren*, p. 263

[128] DÖNHOFF Marion Gräfin, *Ein Brief aus Ostpreussen* in Die Zeit (12/06/1947). V. aussi HARPPRECHT Klaus, *Die Gräfin*, p. 375 et DÖNHOFF Tatjana Gräfin / RÖTTGER Jo, *Weit ist der Weg nach Westen*, p. 26

Entre 1947 et 1951 plus de 100 000 Allemands sont déplacés de Prusse Orientale vers les zones d'occupation soviétique en Allemagne. Ce grand exode organisé, plutôt mal que bien, fait partie des larges vagues de « nettoyage ethnique » dans l'Europe centrale et Orientale après 1945.

A la fin de la guerre, la Prusse Orientale est donc exsangue. Elle doit être repeuplée par des citoyens soviétiques exemplaires. Seulement voilà, les volontaires, ce sont surtout des russes qui ont tout perdu pendant la guerre, souvent des veuves de guerre avec enfants. Ils sont dans la misère. Les recruteurs soviétiques leur ont fait miroiter un voyage gratuit, une nouvelle maison, un lopin de terre, des avantages fiscaux et en nature. Arrivés dans les villages de Prusse Orientale, ils sont affectés dans des maisons qui ont souvent été dévastées à la fin ou après la guerre, ou en partie « déconstruites » pour réparer d'autres habitations, vidées par les chasseurs de trophées et autres vandales.

Plus grave : les nouveaux arrivants, originaires de Russie à 70%, mais aussi de Biélorussie et d'Ukraine, ne connaissent ni les saisons des semailles et des récoltes ni les plantations auxquelles ces terres sont propices et encore moins les techniques agricoles mises en place au cours des siècles par les agriculteurs allemands. Il y avait par exemple un système complexe de tuyaux de drainage en terre cuite dans le sous-sol, qui n'a pas été entretenu pendant l'immédiat après-guerre. Les ouvriers agricoles se mettent à labourer à 60 centimètres, comme ils en avaient l'habitude en Russie. Ils détruisent donc les tuyaux de drainage posés à 40 centimètres. D'autres veulent même bien faire en les arrachant et en les jetant dans des canaux de drainage, pensant combler ainsi des tranchées militaires. Selon Jurij Kostjaschow[129] deux tiers des premiers nouveaux habitants se sont découragés et sont retournés chez eux.

Une fois la quasi totalité de la population allemande chassée, les quelques monuments historiques encore debout, l'art, les techniques agricoles et les coutumes sont systématiquement ignorés, voire détruits. En prendre soin serait considéré comment un affront

---

[129] ARBURG Adrian von / BORODZIEJ Wlodzimierz / KOSTJASCHOW Jurij, *Als die Deutschen weg waren*, p. 266

aux millions de victimes des nazis et de la « grande guerre patriotique ». Des intellectuels russes réussissent cependant à sauver le mausolée du philosophe Emmanuel Kant et avec le caveau les ruines de la cathédrale de Königsberg qui sera reconstruite à la fin du 20e siècle.

Le 25 février 1947 le Conseil de contrôle allié prononce la dissolution de l'Etat de Prusse. Depuis, la Prusse n'existe plus que dans les livres d'Histoire et dans l'histoire des familles allemandes concernées.

Il faudra attendre l'arrivée au pouvoir de Michael Gorbatchev pour que les habitants soviétiques de Kaliningrad commencent à s'intéresser ouvertement au passé allemand de leur ville.

En 1994, lors du 450e anniversaire de l'université Albertina, une copie de l'ancienne statue de Kant, disparue à la fin de la guerre, sera offerte à la ville par Marion Dönhoff. Mais avant cela, la comtesse prussienne doit apprendre un nouveau métier.

## « Die Zeit », la comtesse apprentie journaliste

1946 : on est loin de la normalisation de la vie en Allemagne. Le pays est détruit. Tout est à reconstruire : les villes, l'industrie, l'infrastructure, la morale, la politique.

Environ 15 millions de réfugiés et déplacés errent encore à travers le pays dévasté ou se terrent dans des caves et des bunkers désaffectés. 10 millions s'établissent dans ce qui deviendra la République fédérale d'Allemagne, plus de quatre millions en Allemagne de l'Est. Suivant les sources, c'est environ un sixième à un quart de la population qui a dû quitter les régions où elle était établie souvent depuis des siècles. Ces anciens habitants de Prusse Orientale, de Silésie, des Sudètes, du Banat et autres régions d'Europe centrale sont plus ou moins bien accueillis à l'Ouest. Leur accent rugueux, leurs habitudes différentes, leur soudaine pauvreté les met en marge de la société. L'Etat allemand va dépenser des sommes colossales pour aider ces réfugiés (et électeurs) à reconstruire une nouvelle vie. Il est urgent de reconstruire, y compris une vie intellectuelle.

Les quatre détenteurs de la « Lizenz » de « Die Zeit » attendent la comtesse. Il y a là l'architecte et écrivain Richard Tüngel et l'homme d'affaires Ewald Schmidt di Simoni, interdit de travail par les nazis car il avait une épouse juive. L'avocat Gerd Bucerius a défendu des Juifs pendant les années brunes. Il avait lui aussi une épouse juive, certes réfugiée en Angleterre mais dont il a refusé de divorcer pendant que durait la terreur nazie. Ce mariage faisant de lui un paria, il n'a pas été considéré digne de porter l'uniforme de la Wehrmacht et d'aller se faire tuer au front. Enfin, l'historien de l'art Lovis H. Lorenz est le seul journaliste professionnel du quadrige.

Autour d'eux une toute petite équipe qu'on qualifierait aujourd'hui de « super-motivée » avec parmi eux le reporter de guerre et chef d'orchestre Josef Müller-Marein. L'argent, ils n'en rêvent même pas. Le miracle économique allemand ne sera inventé que quelques années plus tard. « *C'était une décision intellectuelle d'engagement politique et moral. Ils se sentaient une responsabilité dans la détresse de leur patrie et voulaient saisir la possibilité d'un nouveau départ* », écrira plus tard Karl-Heinz Janssen dans son épaisse monographie

« Die Zeit ». Et il cite Gerd Bucerius, qui dira plus tard : « *Avant 1933 nous n'avions pensé qu'à nos affaires et à notre métier et nous avions tranquillement laissé à d'autres le soin de faire de la politique et du journalisme. C'est ainsi que Hitler est arrivé. Et nous nous disions que cela ne devait pas nous arriver à nouveau.*[130] »

Les quatre messieurs sont emballés par l'économiste, novice en journalisme. Elle a déjà voyagé en Amérique et en Afrique noire avant guerre, elle parle plusieurs langues. Richard Tüngel est enchanté par son français.[131] Son français est tellement bon que son neveu Hermann se dédouanera plusieurs décennies plus tard de sa propre maîtrise de la langue de Molière qu'il juge insuffisante, en disant que dans sa jeunesse, lors de voyages en France, sa tante parlait assez bien pour qu'il n'ait pas besoin de faire l'effort nécessaire.[132] Elle dispose d'un réseau international de contacts dans la diplomatie, les médias, les mondes culturel, cultuel, artistique, économique, financier, militaire, un réseau qui s'avèrera forcément utile.

Lovis Lorenz signe la lettre d'engagement le jour de parution du premier numéro de « Die Zeit », le 21 février 1946. La nouvelle journaliste est engagée à partir du 1er mars. Elle s'était consciencieusement acquittée de ses devoirs sur les terres familiales pendant la guerre, mais elle aurait préféré écrire ou faire de la recherche. Le sort lui donne sa chance et elle la saisit à bras le corps. Par sa plume elle veut prendre part au débat, peser sur les décisions, mettre à jour les problèmes et les expliquer : « *Après tout ce qui s'était passé, après toute cette infiltration par la démagogie, nous voulions donner au lecteur matière à se faire son opinion. Nous ne voulions pas l'endoctriner avec le contraire de ce qui avait précédé mais lui présenter vraiment toutes les facettes positives et négatives d'un problème* [133]».

Les deux premiers articles de la nouvelle journaliste paraissent le 21 mars 1946 dans le numéro 5 de l'hebdomadaire. A la une parait un article, signé M.D., dans lequel elle donne le ton de ce

---

130 JANSSEN Karl-Heinz / KUENHEIM Haug von / SOMMER Theo, *Die Zeit*, p. 11

131 SCHWARZER Alice, *Marion Dönhoff*, p. 183

132 Entretien avec l'auteur

133 In *Die Zeit*, 23/02/1996, *Dieses Blatt ist meine Heimat geworden*

qui sera sa marque de fabrique pendant une cinquantaine d'années et qui très rapidement sera caractéristique pour « Die Zeit ». En une centaine de lignes elle se souvient du « Totensonntag ». Ce « dimanche des morts » est un jour de recueillement à la mémoire des soldats morts pour l'Allemagne et qui a été perverti comme bien d'autres coutumes par les nazis. Les alliés ne veulent pas entendre parler du « Totensonntag ». M.D. explique sa vraie signification, elle sépare le bon grain de l'ivraie, sans oublier de rappeler la responsabilité des survivants allemands et d'appeler à la réconciliation. L'officier britannique chargé de la censure ne veut pas laisser l'article tel qu'il lui est présenté. Le rédacteur en chef Lovis Lorenz (à moins que ce ne soit Richard Tüngel ?) utilise un stratagème pour le faire passer quand même : il prétend que la page est déjà imprimée. Le censeur se laisse faire mais refuse de croire que la petite jeune ait écrit cet article toute seule. Un beau début de carrière pour une journaliste !

L'autre article, signé « Marion Gräfin Dönhoff », est très personnel. Elle y raconte sa chevauchée vers l'ouest. Elle reprendra le sujet une quinzaine d'années plus tard pour écrire un livre qui deviendra un best-seller et un classique de la littérature allemande d'après-guerre.

Marion Dönhoff n'est pas la seule novice de la rédaction. Mais ils sont tous enthousiastes, pleins de verve et de passion. Ils ont quelque chose à dire et apprennent vite. Ils ont tous une forte personnalité et souvent une biographie tourmentée. Ainsi Ernst Friedländer, fils d'un médecin juif et d'une aristocrate de Prusse Orientale, a dirigé une filiale d'IG Farben aux Etats-Unis, avant de devoir se cacher au Liechtenstein pendant la guerre. Il aurait pu rester à Vaduz ou retourner en Amérique. S'il choisit l'Allemagne de 1946, c'est parce que cela lui paraît évident : *« Pour les Allemands, l'Allemagne a toujours été un programme et une parole et trop peu une évidence.* [134]» Ce conservateur éclairé de 52 ans et homme de culture, va devenir l'un des éditorialistes les plus influents de « Die Zeit ».

La comtesse apprend le métier comme les autres et souffre comme les autres des conditions de vie extrêmement précaires. Le

---

[134] HARPPRECHT Klaus, *Die Gräfin*, p. 367

peu de nourriture dont ils disposent leur est disputée par un rat, appelé Amanda. A l'époque grande fumeuse, elle se réjouit chaque fois qu'elle reçoit un paquet de cigarettes suisses par la poste.[135] A force de privations et de malnutrition elle finit par avoir des hallucinations la nuit, ce qui pousse Richard Tüngel à l'envoyer en cure dans sa famille à la campagne.

La devise non homologuée officiellement qui a cours à l'époque est : « *Faisons donc un journal qui nous plaise !* ». Pour la douzaine de journalistes il s'agit surtout d'être indépendants, de ne tenir compte ni des annonceurs, ni des groupes de pression politiques ou économiques, ni même des attentes des lecteurs. Chacun lit et critique l'article de chacun. Mais le journal n'a encore que huit pages !

A ses débuts « Die Zeit » est un hebdomadaire plutôt conservateur mais surtout et avant tout viscéralement indépendant. La rédaction ne se laisse même pas intimider par la censure britannique. Elle ne se gêne pas pour critiquer les erreurs et fautes de l'administration civile mise en place par les occupants militaires. Marion Dönhoff n'est pas en reste. Pour justifier cette attitude aux yeux des britanniques, Richard Tüngel rappelle que la rédaction s'est jurée de ne plus jamais laisser s'installer un état de non-droit. La bureaucratie se voit reprocher les manques de nourriture, d'énergie, de logements tout comme le démontage des usines qui ont survécu à la guerre.

Du côté de la censure aussi il y a des personnages hauts en couleur, tel que major Michael Thomas. Ulrich Hollaender - c'est son vrai nom -, fils d'un intellectuel juif berlinois, est un patriote prussien plutôt conservateur. S'il avait choisi de rallier les troupes britanniques, c'était pour lutter contre les nazis, pas contre l'Allemagne. Et maintenant il est chargé non seulement de la censure mais aussi de faire paraître en bonne place dans les médias le point de vue des britanniques, un point de vue qu'il ne partage pas toujours. Il a du respect pour la rédaction de « Die Zeit ». L'hebdomadaire « *avait à l'époque déjà une excellente réputation, en particulier parce qu'il critiquait avec plus de courage que presque toutes les autres publications la force d'occupation et les mesures qu'elle prenait. Il*

---

[135] HARPPRECHT Klaus, *Die Gräfin*

*était lu par toute la classe cultivée et par tous ceux qui portaient un réel intérêt à la politique. Dans les premières années d'après-guerre, c'était peut-être le média d'opinion le plus influent politiquement*[136]», écrira-t-il dans un livre de souvenirs.

Entre le censeur et la comtesse Dönhoff les discussions sont de vrais débats d'idées. Michael Thomas se souviendra de la jeune journaliste en ces termes : « *Avec son autorité morale, son jugement impitoyable, le foisonnement de ses idées, sa faculté à s'enthousiasmer, son humanité et sa faculté à maintenir le cap d'une rédaction qui sous Tüngel aimait bien boire, elle était le personnage dominant, aimé et craint.* [137] »

Il est vrai que la comtesse a beaucoup voyagé avant-guerre, elle a été invitée dans les salons de la « bonne société ». Elle porte un titre de comtesse et un autre de docteur en économie. Elle impressionne et elle charme. Gerd Bucerius dira à l'occasion de son 60e anniversaire : « *Son titre de comtesse et son appartenance aux junkers était plutôt à son désavantage, circonstance atténuée par son titre de docteur.* [138] »

Au début les patrons de « Die Zeit » voyaient en elle une spécialiste de l'économie, mais très vite ils se rendent compte qu'elle a la trempe d'une journaliste politique.

La critique de la force d'occupation est un sujet important des premières années de « Die Zeit ». L'autre thématique majeure est la question de savoir comment en finir avec la dictature nazie. Une anecdote souvent racontée rassemble Marion Dönhoff, le futur chef de l'Etat Richard von Weizsäcker et Axel von der Busche, un résistant qui aurait dû perpétrer un attentat suicide contre Hitler si ce dernier n'avait pas bousculé in extremis son agenda. Les trois amis se rendent en tant qu'observateurs au procès de Nuremberg où le père du jeune Richard, ancien haut fonctionnaire au ministère des Affaires étrangères et ambassadeur au Vatican est d'abord entendu en tant que témoin. Plus tard, le jeune juriste Richard von Weizsäcker aidera son père à constituer sa défense. Arrivés en voiture devant le palais de justice ils sont indignés de voir un char américain devant

---

[136] KUENHEIM Haug von, *Marion Dönhoff*, p. 54
[137] KUENHEIM Haug von, *Marion Dönhoff*, p. 55
[138] KUENHEIM Haug von, *Marion Dönhoff*, p. 46

l'immeuble. Les deux hommes s'écrient : « *Qu'ils sortent ! A nous d'entrer* »[139]. En fait, ils craignent que la dénazification devienne uniquement une affaire des forces d'occupation. Ils estiment que les Allemands doivent avoir leur mot à dire pour juger les crimes commis contre des victimes de nombreuses nationalités, dont de très nombreux Allemands. Marion Dönhoff s'indigne de constater que le tribunal de Nuremberg ne s'intéresse pas aux crimes commis contre les Allemands. Les éditorialistes de l'époque se battaient contre l'inscription à jamais de la culpabilité collective des Allemands dans l'Histoire[140]. Gerd Bucerius, Richard Tüngel ou Marion Dönhoff n'ont jamais pactisé ni même sympathisé avec les nazis et maintenant ils ne veulent pas être assimilés aux criminels, ni même aux suiveurs. Ils n'admettent pas non plus que le tribunal ne fasse aucune place à des juristes allemands, survivants de la Résistance. « *Alors on n'aurait peut-être pas assisté à ce non-sens que constituait la condamnation des nazis sur la base de lois nouvellement créées [...]. Ils auraient pu sans peine condamner tous les coupables sur la base de lois allemandes en vigueur. Même Goebbels, qui n'avait fait « que » de la propagande, aurait pu être condamné pour incitation au crime* [141]», dira plus tard Marion Dönhoff dans diverses interviews.

Marion Dönhoff se bat pour ses compatriotes injustement internés ou condamnés. Les cas sont parfois d'une injustice et d'une absurdité patentes. C'est le cas par exemple de l'officier Arthur Dietzsch, condamné en 1923, à l'âge de 23 ans, à dix ans d'embastillement pour avoir participé à des rassemblements communistes. Au bout de dix ans, alors qu'il doit enfin être libéré, les nazis viennent d'accéder au pouvoir. Ces derniers l'envoient directement au camp de concentration de Buchenwald. Là bas il doit prêter main forte à des expériences sur le typhus, raison suffisante pour un tribunal spécial américain, malgré le soutien de nombreux anciens prisonniers du camp, pour le condamner à 15 ans de prison. Arthur Dietzsch sera libéré en 1950, entre autre grâce aux articles de Marion Dönhoff parus dans « Die Zeit ».

---

139 JANSSEN Karl-Heinz / KUENHEIM Haug von/ SOMMER Theo, *Die Zeit*, p. 54

140 JANSSEN Karl-Heinz / KUENHEIM Haug von/ SOMMER Theo, *Die Zeit*, p. 54

141 SWR / Die Zeit, Marion Gräfin Dönhoff - Gespräche zwischen 1953 und 1998

La journaliste va plus loin. Dès la fin des années 40, elle demande l'amnistie de tous ceux qui ont été condamnés par des tribunaux militaires et spéciaux des Alliés, mais qui ne s'étaient pas rendus coupables au regard des lois allemandes en vigueur pendant la guerre. En outre, elle plaide pour une amnistie afin de corriger les erreurs judiciaires commises dans la précipitation de l'immédiat après-guerre.

La journaliste n'essaye par pour autant de dédouaner les Allemands de leur responsabilité. A propos des vainqueurs, qui pensaient que le national-socialisme n'avait pu se propager que parce que chaque citoyen n'avait pas résisté, elle écrira plus tard : « *Ils oubliaient que l'héroïsme est quelque chose de très rare, quelque chose qui ne peut pas être érigé en norme et exigé*[142] ».

Alors qu'en Allemagne, les amnisties pas toujours justifiées suivent des condamnations parfois contestables, en France de nouveaux procès sont encore ouverts. C'est ainsi que Marion Dönhoff se rend en février 1953 à Bordeaux pour suivre le procès des responsables du massacre d'Oradour-sur-Glane. Le 10 juin 1944, une unité de la division SS « Das Reich » avait détruit la petite commune près de Limoges et massacré la population. On y dénombrait 642 martyrs : 200 hommes fusillés, 240 femmes et 202 enfants enfermés dans l'église et brûlés vifs. Parmi les 19 accusés présents (40 autres sont jugés par contumace) il y a de très jeunes alsaciens qui avaient été forcés de rejoindre les SS. Le principal responsable allemand, tué peu de temps après le massacre sur le front de Normandie repose au moment du procès dans un cimetière militaire.

La journaliste qui a tout loisir d'observer les accusés ne doute pas de leur culpabilité - ni de la culpabilité de ceux qui ont participé activement, ni de celle des hommes qui ont laissé faire, ni des Allemands, ni des Alsaciens, ni des très jeunes au moment des faits, ni des moins jeunes. Elle rappelle cependant la courte biographie des garçons issus du peuple qui n'ont connu que le régime national-socialiste et la guerre. Elle parle de lampistes qui ont du sang sur les mains. Elle essaye dans ses articles de comprendre comment une telle horreur a été possible. Une horreur pour laquelle même les SS

[142] DÖNHOFF Marion Gräfin, *Von gestern nach Übermorgen,* p. 31

voulaient, semble-t-il, faire juger les coupables par un tribunal militaire. Il est bien sûr question dans ses articles de la tragédie des Malgré-Nous alsaciens broyés par l'Histoire. Elle essaye de comprendre où s'arrête le devoir d'obéissance dans l'armée et où commence la morale. Mais elle n'arrive pas vraiment à comprendre. « *Le crime d'Oradour dépasse l'entendement et se soustrait donc à la justice.* », écrit-elle. Et elle demande que les accusés soient graciés : « *Ne faudrait-il pas appliquer aux condamnés à mort ce qui est au dessus de la raison ? La grâce.* [143] »

Les coupables, dont une douzaine de Malgré-Nous alsaciens, seront effectivement graciés suite aux protestations massives en Alsace, ce à quoi répondront des protestations en Limousin. La journaliste Marion Dönhoff place donc déjà la grâce et le pardon au-dessus de la justice. On retrouvera cette attitude dans ses relations avec ceux qui ont pris possession de ses biens après guerre.

La grâce, il ne faut surtout pas la confondre avec une absolution ou une quelconque sympathie. Marion Dönhoff va aussi couvrir le procès contre les tortionnaires du camp de concentration du Struthof en Alsace. Six des responsables du camp présents et 43 accusés jugés par contumace sont condamnés à mort. La journaliste décrit les horreurs perpétrées par les accusés, elle montre qu'il s'agit de personnages primitifs, odieux, qui doivent tout ou une grande partie de leur « éducation morale » aux instructeurs nazis. Sa conclusion est sans équivoque : « *Les condamnés ont à plusieurs reprises fait valoir qu'ils ont agi sur ordre d'en haut et que eux-mêmes auraient été fusillés s'ils avaient refusé d'assassiner, frapper et torturer. Possible. Mais est-ce vraiment tellement plus facile de mourir à Stalingrad – ce que chacun d'entre eux aurait accepté sans se plaindre s'il avait été envoyé là-bas – que de donner sa vie pour ne pas devenir un criminel ? Car on ne peut interdire à personne de faire la différence en le bien et le mal.* [144]»

Une chape de tristesse, d'amertume, de désespoir s'abat parfois sur la comtesse. Ainsi, fin 1946 elle écrit à son ancien directeur de thèse bâlois, Edgar Salin : « *C'est avec une immense angoisse et sans espoir qu'on voit arriver la nouvelle année. Les 12 dernières années, pendant*

---

[143] In *Die Zeit,* 19 février 1953, *Mitschuldig oder nicht?*

[144] In Die Zeit, 8 juillet 1954, *Sechs Herrenmenschen*

*lesquelles chaque effort valait la peine d'être fait car on croyait qu'il y aurait un « après », étaient plus faciles à supporter …* [145] »

Elle sait en d'autres occasions faire preuve d'humour, voire d'autodérision, par exemple quand elle écrit sur les relations entre l'homme et le cheval : « *La relation avec le cheval, tellement désirée par l'homme, ..., est crainte et évitée par ce dernier. Le cheval est, mis à part le fait qu'il est bête, craintif de nature – C'est un fait masqué uniquement par la capacité des humains à voir de manière romantique et idéaliser certaines choses.* [146]»

Dès qu'elle entre en journalisme Marion Dönhoff en profite pour renouer avec les voyages. Fin 1947 elle couvre la conférence des ministres des Affaires étrangères à Londres, puis elle fait de la voile avec des amis suédois sur la Baltique. Des voyages pour « Die Zeit » à Florence, en Espagne, en Syrie, au Liban, en Egypte, en Jordanie, en Turquie suivent bientôt avec bien d'autres pays sur tous les continents. Sa rédaction n'a pas beaucoup d'argent à lui accorder – mais du temps ! Elle peut s'offrir le luxe de prendre son temps pour faire des recherches, des interviews et rencontrer des gens de toutes origines sociales.

L'un de ces premiers voyages d'après-guerre l'emmène à Princeton aux USA, où l'historien Ernst Kantorowicz, biographe de Frédéric II de Prusse, que Marion Dönhoff a connu à Francfort avant guerre, s'est réfugié. Il lui fait rencontrer le politologue et historien George Kennan, dont la théorie du « containment » influencera la politique américaine d'endiguement de l'expansionnisme soviétique. La nouvelle journaliste tisse tout naturellement sa toile autour de personnalités de premier rang avec lesquelles elle pourra confronter ses idées.

L'immédiat après-guerre est, certes, marqué essentiellement dans la vie de la comtesse - encore jeune - par l'apprentissage d'un nouveau métier, mais c'est aussi une époque qui aurait pu apporter un changement encore plus radical dans sa vie. A la fin des années 1940 elle fréquente le jeune aristocrate anglais David Astor, dandy libéral, journaliste, patron de l'hebdomadaire dominical « The

---

[145] HARPPRECHT Klaus, *Die Gräfin*, p. 369

[146] HARPPRECHT Klaus, *Die Gräfin*, p. 372

Observer » et ami de l'écrivain George Orwell.[147] David est marié sans être heureux et père d'une petite fille née en 1947, qu'il adore. Contrairement au cousin Heini, également marié et père de famille les liens avec David Astor sont, d'après les lettres conservées, clairement amoureux. David et Marion dansent plusieurs années une valse hésitation. C'est un amour impossible entre deux êtres plus semblables que complémentaires, y compris selon une lettre de David, leur « *difficulté à se livrer sans réserve à l'autre sexe* ». Dans une autre lettre Marion reconnaît apprécier qu'on lui fasse la cour jusqu'à l'engagement définitif. Elle aurait refusé une bonne dizaine de demandes en mariage. Elle est consciente de la peine qu'elle a occasionnée à chaque fois.

Au-delà de l'épisode intime de leur vie, cette relation a aussi une connotation politique. David Astor a bien connu le jeune résistant Adam von Trott zu Solz, né comme Marion en 1909 et exécuté après l'attentat du 20 juillet 1944. Les deux garçons se sont connus à Oxford alors qu'ils avaient 19 ans. L'ami commun, entré dans la diplomatie allemande et le parti nazi NSDAP pour couvrir ses relations avec les Anglais et les Américains, avec semble-t-il la complicité d'Ernst von Weizsäcker, le père du futur président Richard von Weizsäcker, a essayé en vain de convaincre les Alliés d'aider la Résistance allemande avant même le déclenchement de la Deuxième Guerre mondiale. Mais imaginons un instant les « décideurs » de l'époque, qui avaient un conflit mondial à gérer, s'engager sur les paroles d'un diplomate certes bien né et luttant pour un idéal humain noble, mais tout jeune et sans poids politique. L'ami Adam est mort à 35 ans pour l'honneur de l'Allemagne et restera un lien fort entre David et Marion.

David Astor divorcera en 1951 et se remariera un an après avec la fille d'un officier colonial, avec laquelle il aura cinq enfants. Il mourra un an avant Marion et sera enterré à côté de son ami George Orwell.

---

[147] HARPPRECHT Klaus, *Die Gräfin*, (chapitre „Eine englische Liebe")

## Ligne éditoriale libérale et démocratique

Marion Dönhoff a gardé des années brunes un sixième sens qui lui permet de reconnaître un nazi. Ainsi, un jour de 1949, en rentrant d'un voyage, elle trouve le rédacteur en chef Richard Tüngel en grande conversation avec un visiteur louche, qui lui raconte des blagues juives. Dès le départ du visiteur, un certain Walter Fredericia, la comtesse demande à Tüngel « qui est donc ce nazi » ? Tüngel répond : « *Vous voyez vraiment un nazi caché derrière chaque arbre.*[148] » Qu'à cela ne tienne, la journaliste enquête sur ce visiteur qui l'intrigue et découvre qu'il a participé sous son vrai nom, Walter Petwaidic, à l'aryanisation des entreprises juives de Vienne. Fredericia obtient pourtant le poste convoité et écrit des articles sur le droit constitutionnel. Excusez du peu. C'est le premier accroc majeur dans la solidarité des débuts.

« Die Zeit » glisse de plus en plus dans l'ultraconservatisme. Puis Richard Tüngel pousse le chef de la rédaction politique, Ernst Friedländer, vers la porte.

En même temps, la concurrence du quotidien libéral conservateur « Die Welt », bien écrit, monte en puissance. La solidarité existentielle des premières années dans la rédaction part à vau-l'eau. En 1957 Gerd Bucerius réussit à prendre les commandes en tant qu'éditeur. Il avait acheté en 1951 à crédit la majorité des parts du magazine « Stern », qui permettra de financer « Die Zeit » jusqu'à ce qu'en 1975 ce dernier sorte enfin du rouge. 25 millions de marks gagnés par le Paris-Match allemand auront été nécessaires pour renflouer en continu « Die Zeit », le grand hebdomadaire des intellectuels allemands.

En 1952 Marion Dönhoff prend la succession d'Ernst Friedländer en tant que chef du service politique de « Die Zeit ». Son domaine de prédilection reste la politique internationale car pour elle les relations Est/Ouest sont les éléments déterminants de l'époque. Elle laisse volontiers toutes les opinions s'exprimer, à condition qu'on ne franchisse pas la ligne jaune. La ligne jaune, c'est celle qui sépare

---

148 KUENHEIM Haug von, Marion Dönhoff, p. 62

l'hebdomadaire de l'idéologie national-socialiste et des anciens idéologues nazis.

Difficile de fermer un œil sur de talentueux journalistes et communicants qui ont mis leur savoir-faire d'abord au service de l'Allemagne nazie puis de la démocratie après-guerre. C'est le cas de Karl Schmidt, ancien chef du service de presse du ministre des Affaires étrangères Joachim von Ribbentrop, qui après la pendaison de son ancien patron par le bourreau militaire américain à Nuremberg a rapidement repris ses activités journalistiques et de communication sous divers pseudonymes. Il écrit dans des journaux tels que « Die Zeit » et participe pour les Américains à la communication du Plan Marshall. [149]

Mais quand d'anciens idéologues nazis essaient de diffuser à nouveau leur venin, non, décidément, ça ne passe pas.

Fin 1952, dans un éditorial Richard Tüngel s'appuie clairement sur le brillant constitutionnaliste Carl Schmitt, qui avait eu ses heures de gloire dans les années 30 à l'époque de la montée du nazisme. « *Si jamais Carl Schmitt écrit dans « Die Zeit », moi je pars.* [150]», menace Marion Dönhoff. Tüngel ne comprend pas. Pour lui, la période nazie est terminée et il ne faut pas mettre des gens comme Carl Schmitt éternellement au ban de la société.

En juillet 1954 Marion part en Irlande pour des vacances chez son frère Dieter et Sissi, qui essaient de se reconstruire une existence d'agriculteurs et d'éleveurs de chevaux après des étapes dans une écurie en Rhénanie et une ferme près de la frontière entre les deux Allemagne. C'est là qu'elle découvre dans « Die Zeit » un grand article signé Carl Schmitt. De retour à Hambourg, elle constitue un dossier à charge mais Tüngel se contente de lui proposer le poste de correspondant à Londres pour calmer sa colère. Elle lui explique dans une longue lettre pourquoi elle ne peut pas accepter que d'anciens nazis ou compagnons de route des nazis écrivent dans « Die Zeit ». « *Je suis d'avis qu'il ne faut pas les discriminer économiquement – si ça ne tenait qu'à moi tous les anciens bonzes du nazisme pourraient vivre dans des*

---

[149] HARPPRECHT Klaus, *Die Gräfin*, p. 434 et http://www.dhm.de/ausstellungen/kalter_krieg/brosch_05.htm

[150] JANSSEN Karl-Heinz / KUENHEIM Haug von/ SOMMER Theo, *Die Zeit*, p. 111

*villas de luxe et s'offrir des Mercedes 300 – mais il faut les discriminer politiquement. Ceux qui ont prêché l'esprit du national-socialisme ou qui ont donné le ton dans la presse, doivent être exclus pour toujours de la participation à la rédaction d'un journal politique.* » Avant de terminer sa lettre, elle rappelle encore qu'elle s'engageait depuis des années pour le pardon des petits nazis mais qu'elle ne peut pas tolérer que les « *traîtres à l'esprit et les nihilistes en costumes impeccablement repassés, puissent à nouveau avoir la possibilité de faire valoir leurs analyses politiques.*[151] »

Sur ce, elle écrit à son ami Edgar Salin, à Bâle, qu'elle part passer quelques jours chez ses amis Metternich à Vinsebeck, monter à cheval et chasser, activités qu'elle n'a quasiment plus pratiquées après-guerre. [152] Cette anecdote est intéressante, en ce qu'elle montre que la comtesse, modeste et désargentée, a tout de même quelques consolations aristocratiques en ces temps de misère. Nous avons vu qu'elle n'a plus remonté à cheval après sa chevauchée d'Est en Ouest. C'est probablement l'une des très rares exceptions.

Suit un séjour aux Etats-Unis où elle écrit une série d'articles sur l'évolution du pays depuis sa dernière visite, c'est-à-dire avant guerre. Ils sont publiés dans « Die Welt ».

Ensuite elle s'établit à Londres, où elle fait un stage de six mois au magazine politique « The Observer », édité par son vieil ami David Astor. Eh oui, la comtesse a du caractère – et des relations. C'est un temps d'apprentissage intense. C'est aussi un retour vers une « vie d'étudiante ». A 45 ans, la comtesse habite en sous-location et doit tous les soirs alimenter le chauffage de sa chambre avec des pièces de un shilling dont elle oublie souvent de faire provision. Donc elle a froid[153]. Marion Dönhoff a beau avoir eu toute sa vie la réputation de savoir vivre modestement, les émoluments d'une stagiaire ne suffiraient pas pour survivre si Gerd Bucerius ne continuait pas à lui faire virer tous les mois une modeste paye de 600 marks.

---

[151] KUENHEIM Haug von, *Marion Dönhoff*, p. 64

[152] HARPPRECHT Klaus, *Die Gräfin*, p. 438

[153] DÖNHOFF Marion Gräfin / BURCKHARDT Carl Jacob, *Mehr als ich Dir jemals werde erzählen können*, p. 86

« The Observer » marque profondément la journaliste politique qu'elle est maintenant devenue. Dans une lettre manuscrite de novembre 1954, elle affirme à Gerd Bucerius y avoir trouvé tout ce qu'elle avait essayé, en vain, de mettre en place à « Die Zeit » : 1) beaucoup de politique étrangère, car les lecteurs veulent trouver dans un hebdomadaire les éléments de contexte qu'ils ne trouvent pas dans leur quotidien ; 2) jamais de soumission à un parti ; 3) considérer le lecteur non comme un idiot mais comme « *une personne normale, avec des doutes, une certaine soif de connaissance et un impérieux besoin de rire ou au moins de ne pas s'ennuyer.* » Elle plaide aussi pour qu'on traite avec respect ceux qu'on critique. Certes, mais cela ne l'empêche pas de son côté de traiter les patrons de « Die Zeit » de « *trois vieux hommes, malades de l'estomac, atteints de la gale et de plus en plus venimeux.*[154] » On s'en souvient, à Friedrichstein déjà le vieux cocher Brenda était parfois décontenancé par les manières de sa petite comtesse.

Pendant sa fugue loin de « Die Zeit » la comtesse fait une halte dans le Paris des existentialistes. Le café Flore, comme refuge : on a vu pire !

D'ailleurs, si elle critique la France, elle l'apprécie aussi et elle en parle la langue, certes moins bien que l'anglais. Elle connait bien le pays et fait souvent allusion à des voyages privés (par exemple avec ses neveux) ou pour le travail dans sa correspondance avec son ami Carl Jakob Burckhardt. Elle y rencontre son ami, l'historien américain d'origine allemande Fritz Stern. Elle n'hésite pas à louer le travail accompli par les Français, notamment au Soudan (lettre du 17 décembre 1959). Et dans une lettre du 17 février 1962 elle prend exemple sur le rapprochement franco-allemand pour espérer une amélioration de l'image de l'Allemagne en Yougoslavie.

Elle critique la politique coloniale de la France. Et si elle dit admirer De Gaulle pour son sens de la forme et des formules, elle dit aussi très clairement être étrangère à sa vision de la France et du monde, qu'elle trouve anachronique. « *De nos jours on ne peut plus être fier d'être Français, Espagnol, Anglais – je ne veux pour des raisons évidentes, même pas parler du fait d'être Allemand – et de voir son devoir*

---

[154] DÖNHOFF Marion Gräfin, *Ein Leben in Briefen*, p. 116

*dans le perfectionnement de cet état.* [155]», écrit-t-elle le 26 août 1964 à Carl Jakob Burckhardt.

A Hambourg les propriétaires de l'hebdomadaire s'écharpent de plus en plus entre eux. Les tribunaux sont appelés à la rescousse et il est interdit à Richard Tüngel de mettre les pieds à la rédaction. A l'été 1955, soit un an après son départ, Gerd Bucerius fait revenir Marion Dönhoff à la rédaction de « Die Zeit ». Elle reprend sa place dans l'ours de l'hebdomadaire en tant que responsable de la rédaction politique. L'ours, c'est la liste des collaborateurs d'un journal, en petits caractères, dans un encadré, avec toutes les coordonnées de la publication. Il peut y avoir de prestigieux collaborateurs externes et de grandes plumes invitées mais les journalistes qui sont dans l'ours donnent le ton. En même temps Josef Müller-Marein, qui épousera plus tard Alexandra, la fille de sa sœur Yvonne, redevient rédacteur en chef. La comtesse prussienne et le bon-vivant rhénan, viscéralement européen, francophile et francophone au point de vivre plus tard en France, vont être le duo des années à venir.

En 1957 Marion Dönhoff accepte de signer un vrai contrat qui la lie officiellement à l'hebdomadaire. Et elle prend un rôle de plus en plus important dans la direction du journal. Une correspondance fournie, des discussions vives sur tout et rien et surtout un grand respect réciproque caractérisent sa collaboration avec Gerd Bucerius. Elle n'est encore que chef de la rédaction politique mais les visiteurs extérieurs, tel le constitutionnaliste Theodor Eschenburg, remarquent qu'elle dirige déjà les conférences de rédaction *« avec une extrême élégance et tact, sans que le rédacteur en chef ne puisse en prendre ombrage* [156]».

Marion Dönhoff a une très haute idée du métier de journaliste et d'après elle, pour exercer ce métier il faut commencer par énormément lire, lire sans cesse les livres, les journaux, les magazines. Le journaliste doit toujours résister, soit à la tendance du moment à trop s'exciter, soit à la tendance du moment à relâcher

---

[155] DÖNHOFF Marion Gräfin, BURCKHARDT Carl Jacob, *Mehr als ich Dir jemals werde erzählen können,* p. 186

[156] JANSSEN Karl-Heinz / KUENHEIM Haug von / SOMMER Theo, *Die Zeit,* p. 119

l'attention : « *Le journaliste doit rationaliser les émotions. Nous devons tenir bon quand les gens s'emportent et nous devons mobiliser les gens quand ils sombrent dans la léthargie et qu'ils n'ont toujours pas compris qu'il se passait quelque chose d'extraordinaire* [157] ». Une autre fois, elle parle de « *désémotionaliser l'atmosphère*[158] ».

Questionner ce que l'on croit être la vérité, une attitude interrogative permanente : c'est le b.a.-ba du journalisme qu'elle ne cesse de prêcher. Dès le début des années 1970, la grande dame du journalisme allemand se pose et pose avec la rédaction de « Die Zeit » des questions sur les bienfaits et les dérives de la croissance économique.

La critique argumentée et constructive est l'un des piliers de son métier. Par contre le journalisme d'investigation n'est pas son domaine et payer des informateurs est loin de son éthique professionnelle. Elle préfère que les tribunaux fassent leur travail, plutôt que les « affaires » n'alimentent sans fin les journaux. Peu lui chaut la mode politique ou médiatique du moment. En tant qu'aristocrate, elle a appris à penser dans la durée et à faire ce qu'elle avait à faire. C'est peu dire que les médias de masse, le mélange entre animation et journalisme ne sont pas son monde.

Ainsi, le 19 octobre 1958 elle écrit à Carl Jakob Burckhardt: « *La mort de Pie XII a aussi été – me semble-t-il - largement ressassée. L'Eglise n'a vraiment aucun scrupule quand il s'agit de relations publiques. Ma sensibilité protestante a en tout cas été fortement choquée le jour de sa mort par les infos en continu (le spécialiste appelle ça du direct), depuis la chambre du mourant : « Le pape est maintenant dans un état de pré-agonie – maintenant, maintenant commence le véritable combat de la mort. », le tout entrecoupé de commentaires sur sa position, les prières des dignitaires religieux admis à son chevet, etc … C'était comme un reportage sur un match de football international. On pouvait s'estimer heureux de ne pas avoir à entendre la respiration du mourant. J'ai trouvé ça ignoble.* [159] »

---

[157] JANSSEN Karl-Heinz, KUENHEIM Haug von, SOMMER Theo, *Die Zeit*, p. 339

[158] In *Die Zeit*, 23 février 1996, *Dieses Blatt ist meine Heimat geworden*

[159] DÖNHOFF Marion Gräfin, BURCKHARDT Carl Jacob, *Mehr als ich Dir jemals werde erzählen können*, p. 152

Le 4 juin 1961 elle écrit une longue lettre à son patron, Gerd Bucerius, alors qu'elle est en vacances dans la propriété familiale de l'île d'Ischia. Elle laisse libre cours à son courroux sur la qualité des pages économiques qu'elle vient de lire attentivement. Après la signature, elle ajoute encore un post-scriptum pour expliquer comment on pourrait faire mieux avec les mêmes journalistes et dans les mêmes circonstances :

« *Il faut à mon avis regarder les critères. A l'économie on nous dira : les papiers sont comme ça et pas mieux. C'est idiot. Il faut qu'ils s'en occupent et les améliorent.*

*Voyez-vous, le texte sur la science fiction en page « Avenir » de la même édition est resté trois semaines « sur l'établi ». Esderts l'avait écrit, mais il l'avait complètement raté : il n'y avait pas d'histoire, pas l'attaque avec le « gag » de la bombe atomique, pas assez d'exemples. Zundel a réécrit le texte, c'était déjà beaucoup mieux, mais toujours pas parfait. Là-dessus Jungk l'a relu et donné son avis, puis Sommer s'y est mis et nous avons maintenant – à mon avis, tout au moins – un excellent article dans le journal.*[160] » Pour Marion Dönhoff le seul critère recevable, c'est l'excellence. Il n'est pas question de laisser passer un article moyen.

La vulgarité, ou ce qui pourrait s'en approcher dans les textes ou les photographies, ne trouve grâce ni à ses yeux, ni à ceux des lecteurs. Gerd Bucerius, en éditeur soucieux des finances, aimerait pourtant parfois avoir un peu plus de légèreté ou de chaleur pour contrebalancer le poids de l'intellect.

Dans la correspondance de Marion Dönhoff et Gerd Bucerius, on trouve de très nombreuses lettres discutant la qualité journalistique. Elle exige la qualité. Lui aussi. Mais il s'échauffe à chaque fois qu'il estime que « Die Zeit » se barricade derrière un jargon de spécialistes. Et il est d'avis, surtout quand il avance en âge, qu'un peu de sentiment ne ferait pas de mal au grand hebdomadaire. Ainsi, en 1969, la journaliste et l'éditeur se disputent sur l'opportunité ou non de publier une jolie photographie de la princesse Anne prise par Lord Snowdon. Il est pour, elle est contre. Résultat : les lecteurs de « Die Zeit » ne verront pas le cliché - en tout cas pas dans leur hebdomadaire.

---

[160] DÖNHOFF Marion Gräfin, BUCERIUS Gerd, *Ein wenig betrübt, Ihre Marion,* p. 44

Le 29 août 1969 il lui écrit : « *Die Zeit » me paraît vraiment un peu trop austère. C'est dit sans aucune méchanceté. On peut faire un journal ainsi, mais je crois qu'on n'est pas obligé de le faire ainsi.* [161]» Il aimerait attirer plus de lectrices, plaide pour un style qui rebute moins un lectorat à la culture et à l'intelligence moyennes. Bucerius pense qu'elle attend trop de ses lecteurs. Ce à quoi elle rétorque le 1er septembre 1969 que l'hebdomadaire a presque un million de lecteurs, ce qui n'est effectivement pas mal pour une publication intellectuellement élitiste. Dans une lettre du 24 août 1977 il explique non sans ironie qu'une partie des lecteurs de « Die Zeit », 100 000 personnes peut-être, est aussi intelligente que ses amis qui louent « Die Zeit ». Mais il rappelle qu'il y en a 900 000 autres qui s'efforcent d'être à la hauteur et qui ont besoin d'aide – par exemple sous forme d'intertitres. Les lettres dans lesquelles Bucerius fait une analyse critique de la dernière édition de son hebdomadaire peuvent faire jusqu'à 20 pages.

Dans les échanges entre le patron de presse et la comtesse, le choix du personnel journalistique n'a pas une place prépondérante. Une lettre de Bucerius, datée de mars 1980 à Marion Dönhoff, Theo Sommer et Diether Stolze, est d'autant plus intéressante : « *J'ai toujours encouragé la rédaction à chercher de nouveaux collaborateurs de qualité. « Die Zeit », l'un des meilleurs journaux allemands, a besoin des meilleurs rédacteurs.*

*Cela dit, c'est souvent dans la durée qu'on voit si un rédacteur – embauché peut-être quelques années auparavant – répond aux espoirs mis en lui. Il y a parfois aussi des collaborateurs qui cessent de progresser, alors que leur salaire continue à augmenter.*

*Nous ne pouvons pas nous permettre cela. Dans cette rédaction nous attendons de tous un travail indépendant. Certes, les articles sont rédigés. Mais aucun rédacteur n'est sous l'autorité d'un autre comme cela se fait souvent au « Stern » ou au « Spiegel ». Dans notre cas, un rédacteur qui ne répond qu'à 80 pour cent à notre attente, est une charge que vous ne pouvez pas compenser.*

*Bien sûr que l'aspect social est important chez nous. Mais ce n'est un droit acquis pour aucun journaliste de travailler pour le meilleur journal*

---

[161] DÖNHOFF Marion Gräfin / BUCERIUS Gerd, *Ein wenig betrübt, Ihre Marion*, p. 116

*avec le salaire élevé qui va avec. Avoir passé quelques années au « Zeit », c'est déjà un honneur. Des journaux moins prestigieux ont aussi besoin de collaborateurs. Bien sûr, c'est vexant pour ceux qui sont ainsi amenés à intégrer d'autres publications plutôt que de s'élever dans la hiérarchie. Mais ceux qui veulent aller loin prennent ce risque. Pour nous quatre ce n'est pas bien différent.*

*« Die Zeit » est - et doit rester - une école sévère. Il faut de la discipline – financière et organisationnelle - pour rester à la pointe du journalisme allemand. C'est seulement à ce prix que nous avons l'assurance de survivre.*[162] »

Le patron de presse aime de temps à autre écrire lui-même dans son hebdomadaire. Dans ces cas, il sait entendre la critique, comme en témoigne une lettre datée du 11 mars 1977 : « *Chère Marion, à propos de notre conversation dans le couloir : Vous disiez que mon article sur Maihofer était difficilement compréhensible. Alors il est mort. Un article de la page 4 doit être attentivement lu par au moins 50 pour cent des lecteurs de « Die Zeit ». Cela fait 600 000 lecteurs. Mais si déjà vous le trouvez difficilement compréhensible …* » Mais deux ans plus tard Bucerius se plaint parce que le rédacteur culturel Fritz Raddatz a effectué une coupure dans un de ses articles sans lui demander son avis. La lettre est, malgré l'amertume de l'auteur, savoureuse car elle montre que dans cette entreprise de presse les journalistes ne sont pas soumis au patron. Cela dit, Fritz Raddatz, celui qui aime tremper sa plume dans le vitriol, est connu pour être aussi « difficile » que doué.

Quand, pour attirer des annonceurs, Gerd Bucerius veut lancer un supplément magazine en couleurs, la comtesse freine de toutes ses forces. Là, c'est Buc qui l'emporte et elle reconnaîtra plus tard, bonne joueuse, qu'il avait raison.

Gerd Bucerius garde un œil sur les comptes et il lui arrive de demander un peu plus de compréhension pour les annonceurs. La comtesse, peu lui chaut : « *Vous ne devriez pas vous faire tant de souci, Buc. Autrefois, quand vous n'aviez rien, vous étiez beaucoup plus décontracté. Combien de fois ne nous avez-vous pas encouragés à ne pas avoir d'égards pour les annonceurs. Maintenant que votre fortune aligne de*

---

[162] DÖNHOFF Marion Gräfin, BUCERIUS Gerd, *Ein wenig betrübt, Ihre Marion,* p. 225

*nombreux zéros, vous devenez tout d'un coup hésitant* [163] », lui répond-elle le 30 octobre 1970.

D'autres fois, c'est « Cher Buc » qui exige de la qualité et « Chère Marion » qui défend le journal. Ainsi, dans une lettre manuscrite écrite entre Hambourg et Londres, à bord d'un avion de la Lufthansa : «*Je vous soupçonne de ne plus lire « Die Zeit » qu'à travers des lunettes noircies. La dernière édition était vraiment – surtout les pages politiques – excellente.*[164] » Puis elle revient sur un article qu'elle a relu attentivement après une critique de Bucerius. Il répond : « *Mais, je ne conteste pas du tout que « Die Zeit » soit un bon journal. Seulement : Il n'est plus tellement meilleur que la FAZ* [Frankfurter Allgemeine Zeitung], *de plus en plus brillante*[165].» Cette envolée est caractéristique d'une ambition et d'une exigence : ne pas se contenter d'être bon ou l'un des meilleurs, ni même le meilleur, mais vouloir être de loin le meilleur ! Et lui aussi revient sur l'article en question, avant de citer des exemples concrets de connaissances qui n'ont plus le temps ou plus l'envie de lire « Die Zeit ».

Ces deux là ont de toute évidence la passion de leur métier et la passion de leur grand hebdomadaire chevillée à l'âme.

Les échanges entre l'éditeur et la journaliste sont souvent chaleureux, empreints de respect et de gratitude mutuelle. Souvent, mais pas toujours. Le 21 novembre 1970, elle lui écrit en post-scriptum : « *Si vous trouvez cette lettre brutale, alors lisez s'il vous plaît la vôtre*[166] .» Il leur arrive aussi de s'envoyer d'allègres menaces de démission.

La seule faiblesse journalistique de la comtesse, ce sont les virgules. Depuis son enfance elle est en délicatesse avec l'usage des virgules. Quand il fallait commencer la prière par « Komme, Herr Jesus» (viens Seigneur Jésus), elle a longtemps entendu « Komma, Herr Jesus » (virgule Seigneur Jésus) et ne comprenait rien à la prière. Et comme elle était sûre que les grands se moqueraient d'elle, elle n'a

---

[163] DÖNHOFF Marion Gräfin / BUCERIUS Gerd, *Ein wenig betrübt, Ihre Marion*, p. 126
[164] DÖNHOFF Marion Gräfin / BUCERIUS Gerd, *Ein wenig betrübt, Ihre Marion*, p. 192
[165] DÖNHOFF Marion Gräfin / BUCERIUS Gerd, *Ein wenig betrübt, Ihre Marion*, p. 194
[166] DÖNHOFF Marion Gräfin / BUCERIUS Gerd, *Ein wenig betrübt, Ihre Marion*, p. 131

jamais osé demander des explications. Elle saura se réconcilier avec les Russes et les Polonais, mais jamais avec les virgules.

Au-delà des virgules, sait-elle écrire, au sens journalistique ? Fritz Raddatz, ancien chef du service culturel de « Die Zeit », prétend que non. Theo Sommer, lui aussi un grand ancien de « Die Zeit » et ancien « élève » de Marion Dönhoff, est plus nuancé, quand il dit à Dieter Buhl: « *Sa force, c'était cinq feuillets, 150 lignes. Tout ce qui allait au-delà était un assemblage de plusieurs cinq feuillets, y compris ses articles en page 3. Je crois qu'elle n'a jamais écrit un livre d'un seul tenant. Et pourtant elle écrivait très bien. L'effet tenait dans la simplicité du style. Elle écrivait un éditorial comme si elle devait expliquer à sa tante comment va le monde* [167]. » Belle leçon de journalisme et de communication !

Wolf Jobst Siedler, l'éditeur qui a publié ses best-sellers « Enfance en Prusse Orientale » et « Pour l'honneur » confiera également à Dieter Buhl, qu'il ne trouvait pas son style excellent, « *mais elle avait une extraordinaire force de persuasion, une magie dans la langue, quand elle ne traitait pas de problèmes abstraits.* » Et quand elle parle de la nature, ou de la Prusse Orientale, tous s'accordent à dire qu'elle a une belle plume. Elle-même disait avoir toujours été fascinée par l'écriture, sans bien savoir quelle forme cette écriture prendrait un jour.

Klaus Harpprecht cite une anecdote savoureuse qui en dit long sur son style et ses relations avec ses collègues les plus proches. Un jour de 1953 elle câble une longue interview avec Nehru, l'homme politique indien, en insistant sur l'ordre de ne surtout pas changer un seul mot, Josef Müller-Marein lui renvoie un télégramme joliment ironique : « *Chère Marion, si tu n'es pas sage, on ne changera pas un mot.*[168] »

La comtesse sait aussi manier l'autodérision, par exemple quand il s'agit de se moquer de sa propre notoriété. Elle n'aime pas beaucoup la télévision, même si elle regarde les infos du soir régulièrement. Elle ne peut pas toujours échapper aux interviews et talk-shows de la télévision allemande. Werner Höfer, le légendaire présentateur de la table ronde dominicale « Der internationale

---

[167] BUHL Dieter, *Marion Gräfin Dönhoff: wie Freunde und Weggefährten sie erlebten*, p. 135

[168] HARPPRECHT Klaus, *Die Gräfin*, p. 433

Frühschoppen », aime l'inviter à se joindre aux journalistes politiques de divers pays. C'est, soit-dit en passant, l'une des rares femmes à être invitée dans ce cercle prestigieux. Le lendemain de l'une de ces émissions, le 23 juillet 1979, elle lui écrit : « *Cher Monsieur Höfer, [...] J'ai depuis quelques jours une nouvelle voiture, de sept centimètres plus large que l'ancienne et comme je suis habituée au travail millimétré, vous pouvez imaginer les conséquences.*

*Ce matin, il y avait une petite Opel toute cabossée devant moi. Lors du démarrage, il s'est avéré qu'elle voulait rester sur place et en la contournant il y eut certains bruits entre mon pare-chocs et son train arrière. Etant donné que les propriétaires de voitures cabossées et rouillées sont particulièrement dangereux dans de telles situations, car ils espèrent grâce à une petite éraflure renouveler la carrosserie, et voyant dans le rétroviseur que le propriétaire – un homme particulièrement corpulent – sortait de la voiture pour observer l'arrière de sa voiture en hochant la tête, j'ai pensé préférable de sortir de la voiture aussi. Je suis allée vers lui, un peu anxieuse car je comprenais à son regard fixe qu'il voulait me manger. Là-dessus il dit : « Ca alors, vous, je vous ai vue hier dans le Frühschoppen. Eh bien continuez donc votre route. » Sur ces bonnes paroles, il m'a saluée avec amabilité et je me suis vite éloignée, soulagée. Vous voyez à quoi le Frühschoppen peut servir !* [169] »

Elle n'est pas non plus un grand tribun et pourtant elle fascine son auditoire par ce qu'elle dit et parce qu'elle croit ce qu'elle dit.

L'outil de travail de Marion Dönhoff, c'est un petit crayon de trois centimètres de long avec lequel elle écrit la plupart de ses articles. Il y en a toujours une série toute prête sur son bureau ou dans son sac.

Ecrire des articles qui influencent les classes dirigeantes allemandes et diriger la rédaction politique puis l'ensemble de la rédaction de « Die Zeit », c'est déjà une belle carrière. Marion Gräfin Dönhoff joue en outre un rôle important dans le recrutement de la relève. Les plus doués deviendront ses « Buben » (petits garçons). Ainsi, en juillet 1957 elle recrute Théo Sommer, âgé alors de 27 ans et qui sera rédacteur en chef de 1973 à 1992 avant d'être « éditeur » du grand hebdomadaire. Le coup de foudre intellectuel durera plusieurs

---

[169] DÖNHOFF Marion Gräfin, *Ein Leben in Briefen*, p. 179

décennies. Ils se corrigeront les articles l'un de l'autre et Théo Sommer dira à Alice Schwarzer : « *Je faisais toujours mes remarques au crayon sur ses manuscrits. Elle en adoptait 70 à 80 pour cent*[170]».

Josef Müller-Marein apprend aux jeunes recrues l'écriture. La comtesse prussienne leur apprend le savoir-vivre journalistique. Il faut être travailleur, ponctuel, discipliné, incorruptible et lire, lire et encore lire avant d'écrire. La lecture – minutieuse - dominicale des quotidiens britanniques est une obligation. Attention aux jeunes journalistes, qui n'auraient pas lu attentivement la presse britannique du week-end ! Et quand elle se promène avec Haug von Kuenheim, comme elle un aristocrate prussien, le dimanche le long de l'Elbe, elle aime l'interroger sur le contenu des journaux britanniques en vente dans les kiosques de la gare de Hambourg alors qu'elle-même a déjà tout lu.

Pas facile, la patronne venue du pays des chevaliers teutoniques. Mais cette exigence de rigueur et de connaissance ne l'empêchera pas de sympathiser avec les jeunes en 1968 ou d'être outrée par la guerre au Vietnam. Tout simplement, ses coups de cœur et ses coups de colère sont fondés.

C'est aussi dans les discussions avec ceux qui font ou analysent l'Histoire qu'elle se fait une opinion. Les historiens américains George Kennan et Fritz Stern, le physicien Carl Friedrich von Weizsäcker, le banquier Karl Klasen, les hommes politiques tels que Richard von Weizsäcker, Henry Kissinger ou Helmut Schmidt font partie des amis avec qui elle discute régulièrement. Bien sûr, les colonnes du journal leur sont ouvertes également. Et elle fait venir des conseillers tels que Zbigniew Brzezinski, le sociologue Ralf Dahrendorf ou le constitutionnaliste Theodor Eschenburg.

C'est un honneur d'avoir leur signature mais c'est aussi un honneur de signer dans « Die Zeit ». Pour les grands de ce monde et a fortiori pour les autres. Henri Nannen, le sémillant rédacteur en chef du magazine « Stern », n'apprécie pas beaucoup que ses « plumes » écrivent dans « Die Zeit ». Mais il est bien obligé de reconnaître que ces infidélités journalistiques profitent à la renommée personnelle de ses journalistes et donc de son magazine.

---

[170] SCHWARZER Alice, *Marion Dönhoff*, p. 202

Marion Dönhoff voyage beaucoup et interroge tous ceux qui peuvent l'aider à comprendre le monde. Et quand il se passe quelque chose d'important, par exemple la construction du Mur de Berlin en août 1961, elle n'hésite pas à filer avec Theo Sommer à Berlin-Est.

Trois ans après la construction du Mur, alors que le bourgmestre de Berlin, le futur chancelier social-démocrate Willy Brandt, s'essaie à la « politique des petits pas » pour rapprocher les deux Allemagne, ou tout au moins faciliter les contacts entre les habitants de part et d'autre des barbelés, Marion Dönhoff, le chef du service culturel Rudolf Walter Leonhardt et le jeune Theo Sommer partent en reportage en RDA. Ils y passent des jours et des nuits à discuter avec des comédiens, des étudiants, des ouvriers et des gens « rencontrés par hasard ». Ils se savent observés mais c'est seulement suite à l'ouverture des dossiers de la Stasi, la police politique de la RDA, après la chute du Mur, qu'ils se rendront compte à quel point ils étaient observés, voire manipulés. D'ailleurs un collègue communiste du magazine « Konkret », discrètement financé par Berlin-Est, a fait exactement le même voyage peu avant eux et publie un reportage sur les mêmes écoles et usines alors que le trio est encore en route.[171] Le reportage publié dans un livre sous le titre « Reise in ein fernes Land » (Voyage dans un pays lointain) devient un best-seller. Le voyage, journalisme essayant de se nourrir directement aux sources de l'information, n'est cependant pas bien vu à l'Ouest où la doctrine officielle de la République Fédérale est de ne surtout pas reconnaître directement ou indirectement l'Allemagne de l'Est. Il n'est pas bien vu à l'Est non plus. La chef du service politique de « Die Zeit » se voit interdite d'entrée en RDA où on la soupçonne d'être un agent des services secrets d'Allemagne de l'Ouest avec des contacts personnels avec les principaux dissidents est-allemands. C'est seulement dix ans plus tard que l'interdiction sera levée. Alors elle sera traitée en privilégiée, sans attente aux frontières, sans obligation de changer des devises en marks est-allemands

Voyager fait partie du travail et la comtesse s'y prépare méticuleusement. Dans une lettre du 22 janvier 1966, elle écrit à son

---

[171] HARPPRECHT Klaus, *Die Gräfin*, p. 472

ami Carl Jakob Burckhardt : « *Je suis invitée par le gouvernement japonais à visiter des installations industrielles modernes, ce qui me fait dans un premier temps de préparation étudier les efforts faits ici. C'est ainsi que je visite les chantiers navals, je me rends demain aux usines Volkswagen, j'ai visité les constructeurs d'appareils photo et de caméras. Entre deux visites je lis de gros pavés sur l'art japonais, des études militaro-stratégiques sur la guerre du Vietnam, des écrits de philosophie religieuse sur le bouddhisme et le confucianisme.* [172]»

En 1968, Marion Dönhoff devient rédacteur en chef de « Die Zeit ». Que de chemin parcouru depuis sa chevauchée vers l'ouest !

1968. Les étudiants se révoltent en Europe et aux USA. En Allemagne, c'est l'époque de l'APO (Ausserparlamentarische Opposition, littéralement « opposition hors parlementaire »). A la stupéfaction de bien des âmes bien pensantes la comtesse sympathise avec l'APO, tout comme une grande partie de la rédaction de « Die Zeit » – jusqu'à ce que les revendications basculent dans la violence. Une partie de la rédaction sympathise avec l'APO, mais pas toute la rédaction. « Die Zeit » tient beaucoup à être un journal libéral, non seulement vers l'extérieur, mais aussi dans ses propres structures. Marion Dönhoff confiera à Alice Schwarzer « *Un jour, un collègue a dit qu'en fait il s'agissait de quatre journaux liés uniquement par leur date de parution. Il y a la politique qui porte toujours le regard au loin, le feuilleton* [pages culturelles], *qui plane quelque part dans les nuages, l'économie, conservatrice, et puis un quatrième quelque chose autour. Les gens ont souvent critiqué cela : Comment est-ce qu'un journal qui tient un raisonnement dans le cahier politique, peut écrire tout autre chose dans le cahier économique ? J'ai toujours dit : Si vous voulez lire un journal libéral, alors il faut vous y faire – mais il y a aussi d'autres journaux, vraiment taillés d'une pièce. Vous pouvez vous y abonner.*[173]»

Marion Dönhoff assume pleinement que son hebdomadaire ne soit pas toujours du même côté. Dans un discours prononcé en 1996, elle dit à propos de la situation de la rédaction à l'époque des révoltes étudiantes de 1968 : « *Quand nous essayions de plaider la cause des*

---

[172] DÖNHOFF Marion Gräfin, BURCKHARDT Carl Jacob, *Mehr als ich Dir jemals werde erzählen können*, p. 199

[173] SCHWARZER Alice, *Marion Dönhoff*, p. 251

*étudiants révolutionnaires de 68, la droite nous traitait d'anarchistes, et quand plus tard nous avons protesté contre l'utilisation de la violence par les étudiants, la gauche nous traitait de réactionnaires. J'en ai tiré la conclusion qu'un libéral devait être assis entre toutes les chaises.* [174] »

Les différences et divergences d'opinion ne gênent pas la rédactrice en chef. Bien au contraire : le débat intellectuel la passionne. Mais elle exige de la qualité dans les articles et la possibilité pour les lecteurs de se concentrer sur leur lecture. Quand fin 1969 un premier supplément magazine est encarté dans l'hebdomadaire sérieux jusqu'à l'austérité, elle est très réticente. Le magazine aura du mal à démarrer, à être attrayant pour les publicitaires, tout en gardant la qualité maison. Mais l'équipe de « Die Zeit » autour du fondateur Gerd Bucerius, finira par trouver la bonne formule.

La patronne est exigeante sur la qualité journalistique, elle aime le débat d'idées mais sait aussi s'amuser avec ses confrères. « *Elle avait un rire qui vous mettait du baume au cœur. Elle était capable d'une grande allégresse, surtout quand elle avait un petit coup dans le nez. Dans ses jeunes années elle aimait bien faire honneur à l'eau de vie. Plus tard elle aimera la douceur des vendanges tardives. Et plus tard encore les vins de glace* [175]», dira Theo Sommer.

---

[174] DÖNHOFF Marion Gräfin, *Was mir wichtig war*, p. 103

[175] BUHL Dieter, *Marion Gräfin Dönhoff: wie Freunde und Weggefährten sie erlebten*, p. 130

## Une retraitée très présente

Fin 1972, à 63 ans, Marion Dönhoff quitte son poste pour le laisser à Theo Sommer, l'un de ses « Buben » (« petits garçons »). C'est elle qui a choisi son successeur. Mais elle ne quitte pas « Die Zeit » pour prendre une retraite pourtant bien méritée. C'est comme si on imaginait Françoise Giroud au même âge, cesser d'écrire et de participer à la vie intellectuelle de son pays. Impensable. « Die Gräfin » continuera à écrire jusqu'à la dernière année de sa longue existence. Début 1973 elle devient la première « Herausgeberin » de « Die Zeit ». « Herausgeberin » veut dire éditeur. De fait, c'est bien plus, c'est une nouvelle dénomination dans le contexte de « Die Zeit ». Théo Sommer dira plus tard à Dieter Buhl que c'est lui qui a inventé le titre. Il aurait dit à Gerd Bucerius : « *Vous ne pouvez pas tout simplement faire disparaître cette femme de l'ours*[176] ». Marion Gräfin Dönhoff est la conscience de la rédaction de l'hebdomadaire des intellectuels allemands. Le chancelier Helmut Schmidt la rejoindra dix ans plus tard et Theo Sommer 20 ans plus tard comme « Mitherausgeber » (coéditeurs).

La comtesse a un bureau et la possibilité d'écrire dans l'une des publications les plus respectées d'Allemagne. Elle ne se gêne pas pour donner son avis. Elle est respectée, au point d'être de son vivant déjà une icône du journalisme allemand. Mais elle est dégagée des contingences de la gestion au quotidien. Elle est plus libre que jamais. Les années rouges sang du terrorisme de la « Bande à Baader », elle les vit déjà en tant qu'influente jeune retraitée. Inutile d'insister sur le fait que la rédaction est contre toute forme de terrorisme. Mais le débat sur la manière de contrer le terrorisme est intense. Quand au printemps 1975 l'homme politique conservateur Peter Lorenz est enlevé, Marion Dönhoff est de ceux qui pensent qu'il ne faut pas céder, même par humanité. Elle cite le roi Frédéric-Guillaume Ier de Prusse (1688-1740) : « *Il serait préférable que quelqu'un perde la vie, plutôt que la justice ne soit plus de ce monde.*[177] » Belle noblesse d'âme. Mais

---

[176] BUHL Dieter, Marion Gräfin Dönhoff: Wie Freunde und Weggefährten sie erlebten, p. 149

[177] in *Die Zeit*, 07 mars 1975, *Besser wäre, dass einer stürbe …*

quand le roi Frédéric-Guillaume écrit ces mots à un condamné à mort, il exige également que son propre fils, le prince héritier et ami du condamné, le futur Frédéric II de Prusse, assiste à l'exécution. Des éditeurs tels que Gerd Bucerius ou des hommes politiques, comme Helmut Schmidt – et sa femme Loki – rédigent des demandes écrites de non paiement de rançon ou de non échange avec des terroristes incarcérés au cas où ils seraient eux-mêmes pris en otage. Les discussions sont intenses, la tension extrême. C'est certainement dans ce type de situation que l'art de l'argumentation et la grande tolérance au sein de la rédaction de « Die Zeit » ont le plus de valeur. La discussion des articles par les lecteurs font tout naturellement partie de cet esprit de tolérance.

La comtesse n'a de cesse de rappeler la Résistance allemande. « *La Résistance, c'était pour Marion Dönhoff toujours « l'essence même du combat moral contre le mal », une « fidélité inconditionnelle à une échelle de valeurs, prête à aller jusqu'au sacrifice, y compris de sa vie*[178] », explique l'historien Eckart Conze. Lors des années du terrorisme en Allemagne, on entend souvent des références approximatives à la Résistance, amalgame que Marion Dönhoff refuse fermement. Conze poursuit son analyse : « *Avec cette définition hautement morale du concept de Résistance, elle s'opposait avec véhémence à toute tentative d'établir une continuité entre les résistants du 20 juillet ou ceux de la « Rose blanche » avec le terrorisme de la RAF, voire les squats ou les sit-in des pacifistes. Elle reconnaissait certes une légitimité à ces derniers. Mais qualifier ces protestations de Résistance était de son point de vue prétentieux et trompeur.* »

Marion Dönhoff vit intensément ces années où elle « n'est plus que » journaliste et éditorialiste. Le début des années 80 est marqué par le terrorisme mais aussi par la guerre froide et la discussion autour de l'installation des missiles américains Pershing en Allemagne de l'Ouest pour faire face aux SS-20 soviétiques, demandée par le chancelier Helmut Schmidt. La peur et l'angoisse sont omniprésentes. Les citoyens ont besoin qu'on leur explique le monde.

---

[178] Exposé publié en 2003 dans « Vierteljahreshefte für Zeitgeschichte »

En France on ne comprend pas cette angoisse des Allemands. Tout comme on ne comprendra jamais la peur panique (« hystérique », dit-on) du nucléaire outre-Rhin. La journaliste Marion Dönhoff ne comprend pas, pour sa part, que les Français ne veuillent pas comprendre. Elle relève dans « Deutschland deine Kanzler » que Le Figaro parle de « *maladie allemande* », Le Matin de montée du « *national-pacifisme* ». Elle cite Le Nouvel Observateur : « *Il y a un certain pacifisme allemand, qui montre très clairement que ses adeptes se préoccupent tout aussi peu qu'au temps de Hitler de mourir pour la démocratie.* [179]» Le commentateur de Libération remonte jusqu'à Charlemagne pour expliquer les rêves et les utopies qui font dire à beaucoup d'Allemands non aux Pershing. De part et d'autre du Rhin on adore les clichés et les grandes généralisations. De part et d'autre du Rhin – peut-être plus outre-Rhin qu'en France - c'est terriblement blessant.

Au sein de l'hebdomadaire « Die Zeit » aussi, l'ambiance est parfois électrique. En 1982 Gerd Bucerius veut changer le statut de la rédaction. A 73 ans, sa complice de toujours participe à la levée de boucliers.

Elle continue à se rendre à son bureau au 6e étage de l'immeuble de « Die Zeit » jusque peu avant sa mort. Tous les jours, enfin oui, quand elle n'est pas en voyage, autrement dit, quand elle ne donne pas une conférence, participe à un congrès ou interviewe les grands de ce monde. Ce n'est pas seulement en Allemagne qu'elle est perçue comme la grande dame du journalisme allemand. Ainsi, quand en 1979 elle visite l'Egypte, où elle interviewe Anouar el Sadate, les journaux rendent compte de sa visite jusqu'à son départ. Ce jour-là « Le journal de l'Egypte » titre en une : « *La comtesse Dönhoff termine sa visite en Egypte* ». Autant dire qu'elle a été reçue comme pour une visite d'Etat. Elle continue à s'adonner à sa passion, la politique étrangère, mais autant en diplomate de son pays sans lettre de mission, qu'en tant que journaliste.

Elle garde la présidence de trois fondations, dont la « Fondation Entraide Intellectuelle Européenne » à Paris.

---

[179] DÖNHOFF Marion Gräfin, *Deutschland deine Kanzler*, p. 301

La comtesse utilise aussi sa liberté pour écrire des livres, dont la plupart sont des best-sellers. En 1988 et 1994, elle publie « Kindheit in Ostpreussen » (Enfance en Prusse Orientale) et « Um der Ehre willen: Erinnerungen an die Freunde vom 20. Juli » (Pour l'honneur : en mémoire des amis du 20 juillet). Les honoraires qu'elle perçoit alimentent directement sa fondation, qui finance des voyages d'études d'intellectuels d'Europe centrale en Allemagne, et une association pour le soutien de condamnés de droit commun à la sortie de leur prison à Hambourg.

Pour écrire ses livres, Marion Dönhoff se retire volontiers à Forio, sur l'île d'Ischia, où les frères et sœurs Dönhoff qui vivent encore après guerre, Yvonne, Dieter, Christoph et Marion, ont acheté une vieille maison dans les années 80.

## « Aimer sans posséder »

*« Je ne peux ni concevoir que l'amour de la patrie puisse culminer dans la haine de ceux qui s'en sont appropriés, ni qu'on dénigre ceux qui acceptent une réconciliation. Quand je pense aux forêts et aux lacs de Prusse Orientale, aux immenses prés et aux allées ancestrales, je suis sûre qu'ils sont toujours aussi beaux qu'autrefois, alors qu'ils étaient ma patrie. Peut-être est-ce cela le plus haut degré de l'amour : aimer, sans posséder.* [180]»

« Aimer sans posséder » est certainement le bout de citation de Marion Gräfin Dönhoff le plus connu en Allemagne. C'est aussi son leitmotiv. Mais au-delà du slogan, comment vivre avec la conscience d'avoir perdu sa patrie pour toujours ? En France, peut-être les Alsaciens, qui ont entendu parler en famille des douloureux ballotements de leur région entre la France et l'Allemagne, peuvent-ils le mieux comprendre le dilemme entre réalisme politique et volonté d'aller vers l'avenir d'un côté, souvenirs, sentiments et culture de l'autre.

Marion Dönhoff a fait son deuil de la Prusse Orientale, cette lointaine contrée que ses ancêtres avaient contribué à coloniser, cultiver, christianiser et germaniser depuis sept siècles.

La moitié nord, devenue l'enclave russe de Kaliningrad, militarisée au point d'être fermée même aux simples citoyens soviétiques, est perdue politiquement et territorialement. Le palais de Friedrichstein a été détruit jusqu'aux fondations suite à un incendie à la fin de la guerre. Marion Dönhoff y retournera bien plus tard, entre autres pour aider à la réinstallation de la statue du philosophe Emmanuel Kant à Kaliningrad, l'ancienne Königsberg.

La Mazurie, avec ses collines, ses lacs et forêts, est devenue polonaise. La maison des maîtres de Quittainen, beaucoup plus modeste que Friedrichstein, s'appelle désormais Kwitajny mais elle existe toujours. La comtesse a pu renouer avec cette région et la région avec elle. C'est ainsi qu'un lycée de Nikolaiken, devenue Mikolajki, portera son nom (nous y reviendrons).

---

[180] DÖNHOFF Marion Gräfin, *Kindheit in Ostpreussen*

La journaliste politique entretient des contacts étroits avec des intellectuels polonais de renom. Non, pas avec le syndicaliste catholique Lech Walesa, le très charismatique cofondateur de Solidarnosc, mais avec des intellectuels tels qu'Adam Krzeminski. Elle entretient aussi de bonnes relations avec le général Jaruzelski, ce qui n'est pas du goût de tout le monde. L'historien américain Fritz Stern, originaire de Breslau, devenue Wroclaw après guerre, est un ami que Marion Dönhoff partage avec l'ancien chancelier Helmut Schmidt. Fritz Stern a pu, petit garçon, quitter à temps avec ses parents la Silésie, province alors allemande, pour les USA. Ils sont généralement d'accord, sauf en cette année 1981 où le général Jaruzelski a instauré la loi martiale pour éviter l'invasion soviétique dira-t-il plus tard. Fritz Stern, de tempérament pourtant pragmatique, est indigné. Certes, Marion Dönhoff est triste, mais pense que la décision de Jaruzelski est raisonnable. Fritz Stern confiera plus tard à Alice Schwarzer : « *Avec le recul, je pense qu'elle avait probablement raison.* [181]»

Elle-même écrit, dans « Die Zeit » du 26 mars 1982 : « *Cet homme frêle, timide, transparent, a théoriquement plus de pouvoir que n'importe quel autre homme politique en ce monde. [...] Mais à quoi bon tout ce pouvoir, si on a le peuple contre soi, et qui plus est, s'il s'agit de Polonais.* » Une semaine plus tard, elle fait remarquer qu'il manque à Lech Walesa le sens du compromis. Elle est sans doute aussi intellectuellement plus proche du général d'origine aristocratique, qui très jeune était révolté par l'injustice sociale, que de l'électricien devenu tribun, même si elle a toujours montré beaucoup d'ouverture vers toutes les classes sociales et bien qu'elle accompagne la lutte des Polonais contre la chape communiste avec beaucoup de sympathie. Mais elle préfère à Walesa ses conseillers : le médiéviste Bronislaw Geremek, l'historien et journaliste Adam Michnik ou le juriste, écrivain et journaliste Tadeusz Mazowiecki.

Le 17 octobre 1971, Marion Gräfin Dönhoff reçoit le « Friedenspreis des Börsenvereins des deutschen Buchhandels" (Prix de la Paix décerné par les libraires allemands) dans la Paulskirche, une ancienne église de Francfort. Dans cette même église Saint-Paul

[181] SCHWARZER Alice, *Marion Dönhoff*, p. 43

son grand-père August Heinrich Dönhoff avait été président du Bundestag allemand pendant les troubles de mars 1848. Dans son éloge, le politologue français Alfred Grosser rappelle la justification du jury : « *En tant que journaliste et auteur de livres, la comtesse Dönhoff s'est engagée depuis l'existence de la République Fédérale d'Allemagne pour une politique de la réconciliation.*[182] ». Et il traduit cette justification officielle par le fait que la comtesse prussienne de Friedrichstein s'est engagée, malgré tout, pour une politique de réconciliation.

L'université polonaise Nicolas Copernic de Torun (Thorn), dans l'ancienne Prusse occidentale la fait 20 ans plus tard docteur honoris causa. Le recteur de la faculté de sciences humaines loue son sens des responsabilités collectives et individuelles, une tradition prussienne toujours appréciée en Pologne. C'est probablement le doctorat honoris causa qui de la demi-douzaine de distinctions de ce type lui tient le plus à cœur.

Ce n'est pas seulement la raison qui la pousse à être cette infatigable défenseure de la réconciliation germano-polonaise. « *C'est mon paysage. Je me sens chez moi ici*[183] », confie-t-elle au journaliste polonais Adam Krzeminski qui relève cependant qu'elle ne s'est jamais donné la peine d'apprendre la langue.

Quant à l'est de l'Allemagne, devenue Allemagne de l'Est, la journaliste politique et patronne de l'hebdomadaire des intellectuels allemands ne l'a jamais considérée comme irrémédiablement perdue. La scission de l'Allemagne n'a jamais été acceptée par les Allemands, ce qui n'a pas empêché pendant les quarante ans de sa durée les débats sur la meilleure manière d'y mettre fin ou d'en atténuer les conséquences, bien au contraire.

La passion de Marion Dönhoff pour la politique internationale a pour moyeu les relations Est/Ouest en général et les relations entre l'ancien Ouest et Est de son pays, l'Allemagne. Les autres thèmes tournent autour. La comtesse a le sens de l'Histoire. La journaliste est en même temps ancrée dans le présent : « *Elle pense et écrit toujours à la*

---

182 www.friedenspreis-des-deutschen-buchhandels.de

183 BUHL Dieter, *Marion Gräfin Dönhoff: Wie Freunde und Weggefährten sie erlebten*, p. 237

*fois avec la large vision de la perspective historique et sous l'aspect de l'actualité*[184] », dit d'elle l'ancien Chancelier Helmut Schmidt en 1993.

C'est surtout dans cette optique qu'elle critique avec force la politique de Konrad Adenauer, qui a tout fait pour ancrer l'Allemagne fédérale à l'ouest de l'Europe. La question pour elle est de savoir si l'Allemagne ne se coupe pas ainsi de la possibilité d'obtenir la réunification.

« *Le ressentiment antiprussien est typique de beaucoup d'habitants de la Rhénanie. Il remonte à l'époque du Congrès de Vienne qui avait rattaché la Rhénanie et la Prusse – malgré le courroux des deux, le vieux pays de culture et la colonie – un argument que le premier chancelier fédéral a encore utilisé en 1946 pour empêcher que Berlin ne redevienne la capitale*[185] », écrit-t-elle dans un portrait du chancelier publié en 1981. Elle poursuit par une citation d'une interview d'Adenauer parue dans le quotidien Die Welt du 30 novembre 1946 : « *Nous, à l'Ouest réfutons en grande partie ce qu'il est convenu d'appeler l'esprit prussien. Je crois que la capitale allemande devrait plutôt se trouver dans le Sud-Ouest que loin à l'Est, à Berlin. La capitale devrait se trouver dans la région du Main, là où les fenêtres de l'Allemagne sont aussi largement ouvertes sur l'Ouest… Dès que Berlin redeviendrait la capitale, la méfiance serait indélébile à l'étranger. Si on refait de Berlin la capitale, on fait revivre l'esprit de la Prusse.* » Adenauer était donc déterminé à ce que « *Jamais Berlin ne redevienne la capitale de l'Allemagne.* »

Si pour Adenauer, l'ancrage de l'Allemagne fédérale à l'Ouest politique avait priorité au moins chronologique sur la réunification, l'opposition social-démocrate, sous la bannière de Kurt Schumacher, plaidait pour la priorité à la réunification et donc pour éviter tout ce qui pourrait indisposer les soviétiques.

L'Histoire finira par mettre tout le monde d'accord. Berlin redeviendra la capitale de l'Allemagne réunifiée, mais des décennies plus tard, quand le temps aura fait son œuvre pour adoucir bien des ressentiments et bien des peurs en Allemagne et chez les Alliés – et quand Mikhaïl Gorbatchev aura l'intelligence de reconnaitre que personne n'a intérêt à s'opposer à la réunification.

---

[184] KUENHEIM Haug von, *Marion Dönhoff*, p. 75

[185] DÖNHOFF Marion Gräfin, *Deutschland deine Kanzler*, p. 66

L'historien Horst Pötzsch va même plus loin. D'après sa lecture des archives soviétiques récemment ouvertes, Adenauer n'a pas laissé passer la chance de la réunification. Les soviétiques n'en voulaient pas, même au prix de la neutralisation de l'ensemble de l'Allemagne[186]. Mais ça, Marion Dönhoff, pas plus que les autres analystes politiques ne pouvait le deviner.

Marion Dönhoff va reprocher à Adenauer tout particulièrement de tarder à aller à Berlin lors du début de la construction du Mur, en août 1961. « *Ca ne ferait que servir Brandt* », aurait-il-dit en parlant de celui qui est maire de Berlin dans ces heures dramatiques avant de devenir, bien plus tard le premier chancelier fédéral social-démocrate. Elle ne lui pardonnera pas non plus ses allusions à la naissance hors mariage de celui qui est entré dans l'Histoire sous son nom de résistant et réfugié en Norvège, Willy Brandt. Adenauer aimait l'appeler « alias Frahm », son nom de naissance, le nom de jeune fille de sa mère.

Marion Dönhoff reproche aussi à Adenauer de tenir un double langage : « *En Allemagne il n'avait de cesse de parler de la réunification dans la paix et la liberté et de l'exclusivité de la représentation* [allemande par la RFA] *; à l'étranger il laissait entendre que l'ancrage de l'Allemagne à l'Ouest était l'essentiel, même si ses adversaires pensaient que cela aurait pour effet de cimenter la division de l'Allemagne à tout jamais.*[187] » D'après un passage d'un document confidentiel défense cité par Marion Dönhoff dans le même texte, le secrétaire d'Etat britannique Sir Ivone Kirkpatrick, estimait aussi que pour Adenauer l'ancrage de l'Allemagne fédérale à l'Ouest était plus important que la réunification de l'Allemagne.

Il est vrai qu'Adenauer est rhénan, ancien maire de Cologne et catholique. Mais la comtesse ne s'arrête pas à ces considérations. Son opposition au vieux chancelier ne l'empêche pas de reconnaître ses mérites dans l'intégration de la République Fédérale d'Allemagne dans le monde libre, dans la réconciliation avec la France, incluant le règlement de la question sarroise ainsi que dans la fondation de la CDU, le parti chrétien-démocrate. Elle n'oublie pas non plus le rôle

---

[186] PÖTZSCH Horst, *Deutsche Geschichte von 1945 bis zur Gegenwart*, p. 92

[187] DÖNHOFF Marion Gräfin, *Deutschland deine Kanzler*, p. 54

qu'il a joué pour aider les Allemands à passer petit à petit d'une réputation de peuple de meurtriers à une nation digne de confiance. Et elle lui reconnaît ses mérites dans le ralentissement du démontage de l'industrie allemande.

« *Au début, j'étais tout à fait pour Adenauer car il fallait d'abord conquérir la confiance de l'Ouest et cela, il l'a admirablement fait. Mais ensuite il aurait fallu aussi trouver un équilibre vers l'Est. Et là, partant d'une colère rhénane contre la Prusse il trouvait toutes sortes d'objections* », résumera-t-elle en 1998[188].

Marion Dönhoff soutient les efforts d'Adenauer pour la construction de l'Europe, même si ce n'est pas elle, la spécialiste des questions européennes. Elle écrit très rarement sur la construction européenne. Mais quand, peu de temps après la signature du traité franco-allemand, De Gaulle empêche la Grande-Bretagne d'entrer dans l'Union Européenne, elle publie le 1er février 1963 dans « Die Zeit » un commentaire intitulé « Un jour noir », un plaidoyer virulent contre la solidarité d'Adenauer avec De Gaulle : « *Voilà qu'en plein 20e siècle le virus de la mégalomanie nationale venue d'époques depuis longtemps révolues refait son apparition. L'Europe était en train d'évoluer vers une communauté d'intérêts, et voilà que le miteux jeu à trois entre l'Angleterre, la France et l'Allemagne recommence.*

*Mon Dieu, l'Europe a vu passer deux Guerres mondiales, qui ont montré l'absurdité des vieilles idées et règles du jeu, les restes ont pu grâce à l'aide de l'Amérique être rassemblés selon un nouveau modèle, et voilà que deux vieux Messieurs veulent continuer à jouer le jeu selon les règles d'antan ! Et en plus ils se croient particulièrement clairvoyants et progressistes. C'est presque comme dans une tragédie grecque : Konrad Adenauer pense couronner la réconciliation allemande par le Traité de Paris, et ne se rend pas compte qu'en même temps il sape les préalables de l'unification européenne.* [....]

*Pendant 13 ans il a conduit la République fédérale contre toutes les oppositions avec beaucoup de patience et de détermination dans le camp de l'Ouest. Il l'y a arrimée sans égards pour la réunification, qu'on aurait pu d'après certains avoir au prix de la neutralité de l'Allemagne. Il a donc donné la priorité à la communauté occidentale par rapport à la réunification,*

---

[188] SWR / Die Zeit, *Marion Gräfin Dönhoff - Gespräche zwischen 1953 und 1998*

*et maintenant il sacrifie cette communauté pour l'amitié qui le lie au Général de Gaulle. Ce faisant, il ne voit même pas que seul ce dernier, et pas le peuple français, demande ce sacrifice. En effet, le peuple français ne cultive pas d'envie de vengeance contre l'Angleterre.* [189]»

Un an et demi plus tard, elle écrit avec le correspondant de « Die Zeit » à Paris, Armin Mohler, deux articles « pro » et « contra » : Mohler est d'avis que Paris ne laissera pas tomber l'Allemagne. Dönhoff estime de son côté que « *Sans l'Amérique, la grande puissance, nous sommes perdus.*[190] »

Encore une fois, il ne faut pas croire que la comtesse prussienne est opposée au rapprochement franco-allemand initié par Konrad Adenauer et le Général de Gaulle. Mais c'est peu dire qu'elle ne sera pas désolée de voir le vieux chancelier prendre peu de temps après sa retraite.

Marion Gräfin Dönhoff n'est pas opposée au réarmement de l'Allemagne. Ainsi, au plus fort de la guerre de Corée, elle écrit : « *Est-ce que nous voulons accepter sans nous défendre, au vu du risque de guerre qui se profile devant nous, le sort de la Zone Est en 1945 : déportations, viols, organisation tyrannique, camps de concentration, ou sommes-nous prêts si besoin à nous battre pour notre liberté, les armes à la main ?*[191] »

Elle en revient toujours à la politique Est/Ouest, à l'exigence de plus de « *fantaisie créatrice* ». Elle se bat contre les deux camps qui soutiennent des points de vue strictement opposés : les uns exigeant la fermeté avec la dissuasion armée et le refus de négocier, les autres refusant tout réarmement et l'entrée dans l'OTAN par peur de provoquer les Russes. A la place de l'opposition de croyances elle préférerait une discussion pragmatique et une volonté de compromis.

Un épisode montre à quel point il est difficile de trouver la bonne voie pendant les années de la « guerre froide ». En septembre 1955 Adenauer se rend à Moscou. La délégation allemande espère obtenir un calendrier de négociations pour la réunification. Le Kremlin veut l'établissement de relations diplomatiques. Le

---

[189] In *Die Zeit*, 1er février 1963, *Ein schwarzer Tag*

[190] In *Die Zeit*, 28 août 1964, *Ohne die Grossmacht Amerika sind wir verloren*

[191] In *Die Zeit*, 7 décembre 1950, *Wir müssen wissen, was wir wollen!*

chancelier allemand est accompagné d'un groupe de journalistes, dont Marion Dönhoff. Adenauer n'obtient pas d'avancée significative pour une réunification ; le Kremlin obtient par contre les relations diplomatiques qui sous-entendent l'existence de deux Allemagne. Marion Dönhoff est très critique par rapport à cette « volte-face ». Mais elle reconnaît le tragique de la situation : le Kremlin ayant offert la libération des 10 000 derniers prisonniers de guerre allemands contre des relations diplomatiques, il serait inconcevable de ne pas accepter.

1955 c'est aussi l'année du retour inespéré de Russie du dernier incorporé de force alsacien Jean-Jacques Remetter, rentré au printemps 1955 à Strasbourg. En Alsace, tout comme en Allemagne, on sait à quel point les camps de travail soviétiques sont sinistres. Donc, 10 000 prisonniers de guerre enfin arrachés aux goulags : c'est le sujet dont parle toute l'Allemagne. Du coup, la réunification repoussée à une date incertaine n'intéresse personne.

Adenauer n'est pas un partisan du retour de la capitale de Bonn à Berlin. Il préférait de loin la ville rhénane de province, près de chez lui, à Berlin dont il s'est toujours méfié. Marion Dönhoff milite, elle, pour que Bonn reste capitale provisoire, provisoire seulement. Pour elle, Berlin devrait être le lien entre les deux parties de l'Allemagne. En 1961 elle proposera d'installer les Nations Unies à Berlin et de lui donner un statut de « ville libre ». Elle incite à inventer des solutions et à les expérimenter. Mais c'est avec le slogan « Keine Experimente ! » (Pas d'expérimentations !) qu'Adenauer est réélu pour un troisième mandat en 1957. C'est une ère d'immobilisme politique. Les Allemands se concentrent sur la construction de leur petit bonheur privé. Marion Dönhoff essaie en vain de secouer la léthargie de ses compatriotes.

Et puis le dimanche matin du 13 août 1961 Marion Gräfin Dönhoff entend à la radio que des troupes soviétiques encerclent Berlin. Elle réveille son collègue Theo Sommer et ils sautent dans le premier avion pour Berlin où ils assistent au début de la construction du Mur.

L'Allemagne de l'Ouest assiste, impuissante, à l'enfermement de ses concitoyens de l'Est.

Adenauer quitte le pouvoir en 1963, au milieu de son quatrième mandat. Il laisse la place à Ludwig Erhard, le père du miracle économique allemand.

Lorsque la « grande coalition » (CDU et SPD) prend fin 1966 la relève du gouvernement Erhard, Marion Gräfin Dönhoff approuve en utilisant une comparaison tirée de son ancien métier de responsable d'un domaine agricole : Il est bon que le peuple allemand voie d'abord le cheval SPD tirer la charrette avec la CDU, pour se rendre compte que finalement le SPD pourrait faire aussi un très bon cheval de trait. Par contre, elle critique avec véhémence la candidature de Kurt Goerg Kiesinger au poste de chancelier. Elle lui reproche de ne jamais s'être clairement distancié du régime nazi. Au bout de trois ans, à la fin de la « grande coalition », elle tire un bilan positif, en grande partie en référence à l'« Ostpolitik », la politique de détente initiée par le ministre des Affaires étrangères Willy Brandt.

Marion Gräfin Dönhoff accompagne, personnellement et en tant que journaliste, la politique de réconciliation menée par Willy Brandt avec la Pologne. Elle l'accompagne fermement mais non sans douleur. Dès 1953, elle pousse au dialogue avec l'Est. Sa devise en la matière est : « *reden und rüsten* » (parler et armer). « *Nous vivons au centre de l'Europe. En fait, nous sommes l'ouest de l'Est et l'est de l'Ouest. Nous ne pouvons donc pas nous isoler de l'un des deux* [192] ». Certes, ce n'est pas elle qui a inventé l'Ostpolitik de Willy Brandt. Elle-même dira à Alice Schwarzer que des membres du SPD l'avaient longuement préparée. Mais il est important qu'une journaliste d'un grand média partage cette vision. Elle rappellera dans divers entretiens que Willy Brand estimait que le travail préparatoire de « Die Zeit » avait été très important pour l'acceptation de son Ostpolitik. « *Vous avez préparé le public. Si on en était resté à la sensibilité de l'époque Adenauer, cela aurait été beaucoup plus difficile*[193] », lui aurait-il dit.

Quand, en décembre 1963, pour la première fois depuis l'édification du Mur de Berlin, des laissez-passer sont parcimonieusement accordés à des citoyens de RDA pour leur

---

[192] SCHWARZER Alice, *Marion Dönhoff*, p. 234

[193] SWR / Die Zeit, *Marion Gräfin Dönhoff - Gespräche zwischen 1953 und 1998*

permettre de passer Noël avec leurs familles à l'Ouest, la rédaction de « Die Zeit » salue à la « une » cette « brèche dans le Mur », alors que les conservateurs critiquent avec véhémence toute négociation avec la RDA qui permet de telles modestes avancées.

Dès avant la guerre, la jeune Marion avait voyagé, souvent avec sa sœur aînée Yvonne, dans les pays de l'est européen, en Pologne, en Russie, dans les Balkans. Elle retourne à Moscou en 1955, en Pologne en 1962. Elle connait bien ces pays et entretient des liens étroits avec ses intellectuels. Les lacs, les forêts, les senteurs et le ciel de Mazurie sont restés pour elle sa patrie. Mais elle a besoin de temps pour accepter la douloureuse perte de sa patrie. Les paysages, la nature, les animaux ; les bruits aux mille sonorités de ce monde disparu, inscrits pour toujours dans la mémoire, lui manqueront jusqu'à son dernier souffle : « *J'ai eu besoin de plusieurs décennies pour être capable d'accepter pour moi-même ce qui est arrivé ensuite : la perte de la « Heimat ». Longtemps j'ai espéré contre toute raison qu'un miracle pourrait survenir - et pourtant je savais par mon occupation intensive avec la politique qu'il n'y a pas de miracles dans ce domaine. Mais il y a toujours, à côté de la conscience du jour, les rêves de la nuit* [194] ».

Mais quel Français d'Algérie a accepté de gaîté de cœur la perte de ce qui était devenu pour sa famille la patrie, non au sens militaire, mais au sens social et culturel du pays, où on se sent chez soi ? Quel Hongrois ne pense avec nostalgie à la Transylvanie perdue en 1920 suite au Traité de Trianon ?

Côté polonais non plus, la réconciliation avec l'Allemagne n'a pas été facile : Trois millions de Juifs, deux millions de Chrétiens avaient été victimes de la terreur nazie. 25 % des prêtres catholiques, 25 % des scientifiques polonais, 20 % des enseignants polonais ont été victimes des crimes des nazis et de ceux qui les ont aidés sur place. 2,5 millions de Polonais ont été recrutés pour le service du travail obligatoire[195].

Le rapprochement avec l'Est se fait dans la douleur. Parmi les témoins de son cheminement personnel, citons le journaliste Theo Sommer : « *Il lui a été très difficile de renoncer à sa patrie, elle ne s'est fait*

---

[194] DÖNHOFF Marion Gräfin, *Kindheit in Ostpreussen*, conclusion
[195] KUENHEIM Haug von, *Marion Dönhoff*, p. 97

*une raison que peu à peu. Il y a des articles des premières années, où elle écrivait, comme beaucoup d'autres : « Nous ne pouvons pas survivre sans ces territoires ». Carlo Schmid, l'une des principales voix du* [parti social-démocrate] *SPD, disait à l'époque : « Sans le grenier à blé de l'Est, nous allons mourir de faim.* [196] » Théo Sommer rappelle qu'outre l'attachement personnel, il y avait de bonnes raisons politiques de ne pas faire confiance à l'URSS : le blocus de Berlin ou la guerre de Corée, par exemple.

De Gaulle, pour sa part, considère dès 1959 que la frontière germano-polonaise passe de manière intangible par les fleuves Oder et Neisse. A cette condition il est pour la réunification.

Marion Dönhoff écrit en 1965 encore qu'elle pourrait plus facilement accepter de mourir demain dans un accident que de perdre sa patrie en Prusse Orientale[197]. Et puis le temps, la réflexion, le sens de l'Histoire font leur œuvre.

Le 20 novembre 1970, elle écrit un éditorial très remarqué dans « Die Zeit », repris in extenso dans « The Times » de Londres. Le sujet en est la « Heimat », que l'on traduit très imparfaitement par « patrie » en français. « *Une croix sur la tombe de la Prusse : L'accord sur la frontière passant par l'Oder et la Neisse est maintenant fin prêt. Les représentants de Bonn et de Varsovie ne vont pas tarder à le parapher. Et on dira ici et là que le gouvernement a bradé la terre allemande – alors que la croix sur la tombe de la Prusse a été érigée il y a 25 ans déjà. C'est Adolf Hitler, sa brutalité et sa folie des grandeurs qui ont effacé 700 ans d'Histoire allemande. Seulement, personne jusqu'à présent n'a eu le courage de demander le faire-part de décès ou seulement de l'approuver. « Heimat » est pour la plupart des gens au-dessus de toute raison et indescriptible. C'est tellement intimement lié à la vie et à l'essence de chaque adolescent, que cela définit les normes pour la vie. Pour les gens de l'Est, c'est particulièrement vrai. Ceux qui sont nés là-bas, dans les paysages de forêts infinies, de lacs bleus et de vallons, « Heimat », c'est probablement plus que pour des gens qui ont grandi dans une région industrielle ou les grandes villes. [....] Le pays est polonais maintenant. Presque la moitié des gens qui habitent dans les anciens territoires allemands y sont nés. Les Polonais ont, tout comme les*

[196] BUHL Dieter, *Marion Gräfin Dönhoff – Wie Freunde und Weggefährten sie erlebten*, p. 137

[197] KUENHEIM Haug von, „Marion Dönhoff", p. 97

*Tchèques en Bohême, fait table rase, sans pitié. Jamais auparavant on n'avait tenté de prendre possession de la terre en chassant huit millions de personnes de leur « Heimat ». Mais qui pourrait en vouloir aux Polonais ? Jamais auparavant un peuple n'avait été autant mis à mal que les Polonais pendant le Troisième Reich. [...] Plus personne ne peut espérer que les territoires perdus redeviennent allemands un jour. Ceux qui sont d'un autre avis doivent rêver de les reconquérir par la force. [...] L'adieu à la Prusse donc ? Non, car l'influence de la Prusse de l'esprit doit, en ces temps de boulimie matérialiste, être perpétué – sinon cet Etat que nous appelons République Fédérale d'Allemagne n'a pas d'avenir.*[198] »

Début décembre 1970, Willy Brandt s'envole vers Varsovie pour à son tour reconnaître la ligne Oder-Neisse comme frontière germano-polonaise. Il a invité les écrivains Günter Grass, natif de Dantzig (Gdansk), et Siegfried Lenz, natif de Lyck (Elk) en Prusse Orientale. Les journalistes Henri Nannen, rédacteur en chef du magazine Stern, et Marion Gräfin Dönhoff, qui ont tous deux largement soutenu son Ostpolitik, doivent aussi l'accompagner.

Marion Gräfin Dönhoff a spontanément accepté l'invitation. Elle apprécie beaucoup le chancelier social-démocrate, sa politique d'ouverture vers l'Est, les relations qu'il a su tisser avec les écrivains, artistes et intellectuels. Elle a beaucoup fait pour préparer et faire accepter l'Ostpolitik de Willy Brandt. Elle est entièrement d'accord avec la ratification de ce traité.

Puis elle a des doutes sur sa propre capacité à assister au renoncement officiel et définitif à la Prusse Orientale, son pays. Elle se ravise. Elle finit par décliner l'invitation. « *Certes, je m'étais faite à l'idée que ma patrie, la Prusse Orientale, était définitivement perdue, mais assister personnellement à la signature et l'apposition des sceaux sous le document et puis, comme c'est incontournable, boire un verre à la signature du contrat, cela m'a paru plus que ce qui était supportable.*[199] », écrira-t-elle. Trinquer à la signature d'un traité qui lui fait définitivement renoncer à sa « Heimat », non, c'est trop dur.

Willy Brandt ne va pas lui en vouloir, bien au contraire. A son retour de Varsovie, il lui adresse une longue lettre manuscrite, qu'elle

---

[198] In *Die Zeit*, 20 novembre 1970, *Ein Kreuz auf Preussens Grab*

[199] Dönhoff Marion Gräfin, *Deutschland Deine Kanzler*, p. 198

qualifiera de très chaleureuse, dans laquelle il écrit à quel point il la comprend et qu'il espère de son côté qu'au moins elle comprendrait que cela n'a pas été facile pour lui.

Elle sera plus proche de Helmut Schmidt mais elle gardera une profonde sympathie et admiration pour Willy Brandt. En témoigne la conclusion du portrait qu'elle lui consacre dans « Deutschland Deine Kanzler » : « *Adenauer et Schmidt ont probablement fait plus pour la République Fédérale que Willy Brandt. Mais quand les futurs citoyens de ce pays n'en connaîtront peut-être plus que les noms, l'Histoire retiendra encore l'instant où Willy Brandt s'est agenouillé à Varsovie. Car c'est la matière à partir de laquelle les mythes et les légendes ont été de tout temps créés. Mais cela n'arrive qu'à celui qui est parfaitement authentique – les agences de publicité et de relations publiques ne peuvent pas obtenir cet effet.* [200]»

Les Polonais non plus ne lui en voudront pas de cette absence. Elle a su, au fil des ans, leur faire connaitre une Prusse Orientale pleine d'émotions, une Prusse Orientale de la tolérance, se référant aux philosophes des Lumières.

Le journaliste Adam Krzeminski se souviendra encore après la mort de sa consœur de cette phrase, extraite d'une interview qu'elle lui avait accordée en 1986 pour la revue Polityka : « *Certes, nous avons passé 700 ans sur ces terres, mais on ne peut pas posséder une part du globe terrestre, nous n'étions que régisseurs et administrateurs, et ce qui aujourd'hui me fait mal, c'est le délabrement, pas que cela ne nous appartienne plus.*[201] » Après que les Allemands aient été chassés de la province, le nord sous emprise soviétique a été repeuplé par des paysans soviétiques. Mais cela ne s'est pas fait d'une année à l'autre. Les surfaces agricoles avaient subi des dommages sévères. Nous avons vu dans le chapitre « Pendant ce temps en Prusse Orientale » que les nouveaux cultivateurs venus d'Ukraine ou de Biélorussie n'avaient pas appris à travailler cette terre. Le travail de deux à trois générations fait défaut. Les canaux et le système d'irrigation complexe, mis en place et entretenu par des générations de cultivateurs chevronnés, s'est rapidement dégradé. La steppe a repris

---

[200] DÖNHOFF Marion Gräfin, *Deutschland Deine Kanzler*, p. 221

[201] BUHL Dieter, *Marion Gräfin Dönhoff – Wie Freunde und Weggefährten sie erlebten*, p. 246

sur une partie des terres, surtout dans le nord de l'ancienne Prusse Orientale.

Marion Dönhoff n'a de cesse de plaider pour une Ostpolitik active. Elle plaide pour que l'Allemagne soit un lien entre l'Est et l'Ouest. En novembre 1972, elle écrit : « *Cela n'a pas de sens d'attendre une réunification au sein d'un Etat national et pendant ce temps de ne pas faire ce qui est faisable : préparer une paix qui rende la séparation plus supportable.* [202]» Marion Dönhoff n'a de cesse d'observer l'évolution à l'Est. Pour elle, et pour l'ensemble de « Die Zeit », l'Est ne se résume pas à l'Allemagne de l'Est. La rédaction s'intéresse à l'ensemble des Etats d'Europe centrale et orientale, tout particulièrement à la Pologne et à la Russie. « Die Zeit » plaide sans cesse pour la persévérance dans la politique de détente, y compris au début des années 1980, lorsque le syndicat Solidarnosc, avec l'appui du pape polonais Jean-Paul II, entame un extraordinaire bras de fer avec les autorités communistes polonaises et soviétiques. Suit la crainte d'une guerre civile et l'instauration de l'état de siège par le général Jaruzelski. Là encore « Die Zeit » et Marion Dönhoff plaident pour aider la population polonaise autant que possible, par de petits gestes, dont d'innombrables paquets de victuailles. « Die Zeit » et Marion Dönhoff sont parfaitement en phase avec la ligne politique pragmatique et prudente du chancelier Helmut Schmidt. En 1984, Marion Dönhoff écrit à propos de la politique de détente : « *Il ne faut pas vouloir en finir avec la suprématie de Moscou – ce qui de toutes façons est impossible – mais aider à la rendre plus supportable.* [203]»

Marion Dönhoff investit dès 1988 l'argent que lui rapportent ses livres et les nombreux prix qui lui sont décernés dans une fondation, dont le rôle sera d'inviter des scientifiques de Tiflis, Tomsk, Budapest, Belgrade, Kaliningrad ou Moscou à passer deux mois en Allemagne.

En novembre 1989, enfin, le Mur de Berlin tombe. La réunification tant espérée par les Allemands suit – au grand étonnement des Allemands eux-mêmes. Jusqu'à la survenue de l'événement heureux du siècle, la rédaction de « Die Zeit » était

---

[202] HARPPRECHT Klaus, *Die Gräfin*, p. 314

[203] HARPPRECHT Klaus, *Die Gräfin*, p. 315

persuadée, elle aussi, qu'une réunification pacifique et libre n'aurait pas lieu à moyen terme !

Marion Gräfin Dönhoff ne peut que se réjouir de la tournure de l'Histoire. Mais ce n'est pas à son compatriote Helmut Kohl, c'est à Michael Gorbatchev qu'elle en attribue le principal mérite. Et elle critiquera la gestion de la réunification par Kohl. Elle préférerait qu'on s'appuie sur le grand enthousiasme du moment pour transformer toute l'Allemagne et ne pas se contenter d'intégrer l'est de l'Allemagne à l'Allemagne de l'Ouest. Par contre, elle approuve le fait que la réunification financière et économique aille vite, même si elle critique l'échange « ruineux » au taux de un pour un des Marks Est pour des Deutschmarks.

En 1994, le lycée de jeunes filles de la petite ville de Mikolajki, l'ancienne Nikolaiken où Marion avait fait halte en 1941 lors de sa chevauchée avec sa cousine, prend le nom de Marion-Dönhoff-Schule. 93 % des lycéens voulaient que leur lycée porte son nom. Le sondage auprès des adultes était moins flatteur. Mais c'est un immense honneur et la consécration de décennies d'efforts. Laissons-lui la parole, avec son premier discours devant les bachelières :

« *C'est une sensation étrange de me tenir ici et de penser que ce lycée, dans lequel des jeunes sont éduqués pour leur vie et espérons-le pour le bien de la communauté, porte désormais mon nom.*

*J'admire le courage de ceux qui ont pris cette décision. Quand j'ai pour la première fois entendu parler de la décision imminente, j'ai eu une grosse frayeur. J'étais effrayée par le grand honneur mais aussi par la responsabilité que cela implique.*

*Je pense qu'il ne faudrait pas choisir pour quelque chose d'aussi important qu'un nom [d'école] le nom d'une personne vivante (On ne sait pas ce qu'elle peut encore faire), et préférer plutôt la sécurité et désigner un mort pour cet honneur. Mais mon admiration du courage des décideurs a été plus forte que mes doutes.*

*Je veux donc essayer d'esquisser comment, à mon avis, des jeunes gens partant d'ici pour entrer dans la vie, devraient y être préparés. Il faut d'abord se rendre compte du climat politique et intellectuel de la société dans laquelle ils vont entrer. Nous vivons une époque de liberté absolue, et d'un point de vue économique dans un système appelé le marché. Cela veut dire, dans un système où la concurrence décide de qui va survivre ou non. En d'autres termes, le moteur du système de marché, c'est l'égoïsme. Il faut que je sois meilleur que l'autre. Cela veut dire que chacun est très tenté de passer outre aux règles. Il s'agit de la tentation de ne pas être très regardant avec les impôts, les lois ou les méthodes pour faire face à la concurrence.*

*Pour notre sujet (Comment est-ce que les jeunes qui entrent dans cette société, doivent-ils être ?) cela signifie : Ils doivent pouvoir s'appuyer sur une éthique très solide car une société sans liens, sans règles du jeu, sans un consensus éthique minimal entre les citoyens ne peut pas survivre à terme. Une telle société finit par s'émietter.*

*Et en quoi une telle éthique pourrait-elle consister ? Le pré-requis est, je pense, la conscience d'un pouvoir suprême, devant lequel chacun est responsable. S'il n'y a pas un tel savoir, alors l'Homme devient victime de sa soif de pouvoir, alors son attitude présomptueuse et son arrogance deviennent insupportables pour tous.*

*Et quelles sont les qualités qu'un jeune citoyen doit posséder et cultiver ? Je ne veux pas dresser ici un catalogue de bonne conduite, mais j'aimerais insister sur deux qualités primordiales : pratiquer la justice et la tolérance.*

*La tolérance, c'est ne pas tenir sa propre opinion pour la seule valable, mais se demander encore et toujours, si l'autre n'a pas raison, peut-être. Et encore ceci : il ne faut pas considérer tout nouveau concept forcément comme une hérésie ou une erreur mais il faut d'abord l'examiner.*
*Il est très important – et cela aussi fait partie du chapitre « tolérance » - de respecter l'opinion de la minorité. La règle de base de la démocratie – la majorité a raison – ne doit pas être mal interprétée. Cela ne veut pas dire que la minorité n'a pas de droits. Elle aussi mérite le respect.*

*Chers élèves, nous sommes entrés dans une nouvelle époque. L'Etat national n'est plus l'instance suprême. Certes, nous lui devons notre loyauté et notre amour, mais il fait partie de l'Europe ; Et c'est l'Europe que nous voulons construire – ne l'oubliez pas.* [204]»

Pendant les années qui suivent et jusqu'à l'année précédant sa mort, elle remet régulièrement leur diplôme aux jeunes bachelières. «*Bien sûr, je suis fière de cet honneur qui m'est fait, mais à mes yeux il est peut-être encore plus important que cette décision soit un signe de la*

---

[204] DÖNHOFF Marion Gräfin, *Was mir wichtig war*, p. 83

*réconciliation entre Polonais et Allemands*[205] », dit-elle en mai 1995. Elle demande surtout aux jeunes, d'année en année jusqu'en 2001, de s'exercer à la tolérance.

A Varsovie un lycée porte le nom de Willy Brandt. Marion Dönhoff, Willy Brandt.

---

[205] DÖNHOFF Marion Gräfin, *Was mir wichtig war*, p. 86

## Civiliser le capitalisme

La comtesse est issue d'un milieu aisé, habitué à commander. Dans sa deuxième vie, passé les premières années après guerre, elle continue à faire partie des gens qui gagnent très correctement leur vie et elle est en relation avec les puissants de ce monde. Mais elle a cette relation distanciée à l'argent qu'ont les gens pour qui l'aisance matérielle est naturelle, à traiter avec discrétion. Elle a aussi hérité du sens des obligations sociales de sa famille. Certes, dans sa jeunesse il s'agissait surtout de paternalisme. C'était déjà très bien pour l'époque. Elle rappellera souvent les obligations des privilégiés, quel que soit le régime.

La jeune étudiante a flirté avec le marxisme pour se rapprocher ensuite de la gauche modérée, autrement dit de la social-démocratie. Elle plaidera toute sa vie pour un équilibre entre la libre entreprise, la justice sociale et les valeurs morales.

La journaliste politique, docteur en économie, s'intéresse tout naturellement à la confrontation des systèmes politiques et économiques, communiste d'un côté, capitaliste de l'autre. En 1964 rentrant du voyage de deux semaines en Allemagne de l'Est avec ses collègues Theo Sommer et Rudolf Walter Leonhardt, dont il a été déjà question dans le chapitre précédent, elle se montre très critique vis-à-vis du système économique, mais elle conclut : « *Comment est-ce que les alternatives rencontrées nous ont influencés après notre retour de RDA – refus du compromis ou changement de posture ? A mon avis, la seule attitude possible, c'est une combinaison des deux : pas de reconnaissance de la RDA, mais pas cette peur quasi hystérique, non plus, de lui donner trop d'importance. En RDA aussi, il ne peut y avoir détente que si on ne provoque pas artificiellement le contraire. Cela veut dire : beaucoup plus de contacts, d'échanges de journaux, de laissez-passer, de nouvelles directives pour l'application de la législation sur la sûreté de l'Etat – et se parler, encore et encore.*[206] » Marion Dönhoff est ouverte au dialogue mais elle n'est pas une « comtesse rouge ».

---

[206] DÖNHOFF Marion Gräfin, *Reise in ein fernes Land*, p. 148

Dans un reportage à Prague et Budapest, publié également en 1964, elle décrit avec un amusement nostalgique, teinté d'ironie, les mœurs restées chevaleresques et le savoir-vivre dans la vieille Europe centrale. Elle compte avec une évidente admiration le nombre de revues littéraires à Budapest, la hâte des Hongrois à faire traduire tout ce que les grands écrivains font publier en Europe occidentale, l'avidité de lecture, de théâtre, de musique et d'opéra des Hongrois. Elle se demande : « *Qu'avons-nous fait de la fameuse liberté qui est la nôtre ? Parfois on a l'impression qu'elle ne sert qu'à faire l'élevage du consommateur optimal, pour que la loi de la production de masse, qui garantit le plus haut niveau de vie, puisse être mise en pratique.*

*Curieusement, nous qui étions déterminés à faire de la liberté le fondement de notre société, nous qui à l'origine considérions l'aisance matérielle et le luxe comme des à-côtés agréables de notre conception de la vie, en avons fait, finalement l'essence de notre politique et l'incarnation de la liberté.* »

Mais elle ne se fait aucune illusion : « *Si à l'Est, le peuple qui désire ardemment plus de liberté devait un jour effectivement obtenir cette liberté, alors il est probable qu'aucun pouvoir au monde ne pourra l'empêcher de s'adonner à son tour à l'ivresse de la consommation et que le tirage de [*la revue littéraire*] « Nagy Vilàg » diminuera à nouveau.*[207] »

L'un des best-sellers de Marion Dönhoff s'appelle « Zivilisiert den Kapitalismus » (Civilisez le capitalisme). Elle refuse d'accepter que l'économie de marché et la démocratie soient le parfait aboutissement, donc la fin de l'Histoire. Elle déplore que l'enrichissement matériel des populations occidentales aille de pair avec leur appauvrissement culturel et spirituel. Pour elle, l'attitude critique face au capitalisme, à la technique, au progrès et à la modernité sont un héritage moral des réflexions des résistants du cercle de Kreisau.

A la sortie de son essai « Zivilisiert den Kapitalismus », elle est longuement interviewée par la radio SWR. Elle fustige la concentration de tout l'intérêt sur l'économie, au détriment de l'humain et du culturel. En résumé : « *L'économie sociale de marché est très efficiente. Mais se base sur la concurrence, dont le moteur est l'égoïsme.*

[207] DÖNHOFF Marion Gräfin, *Der Effendi wünscht zu beten,* p. 231

*Il faut être toujours meilleur que les autres. Tout se concentre sur l'économie. [...]Tout doit être toujours plus grand. Qu'il s'agisse de banques ou d'assurances, ils doivent toujours grandir, fusionner. Tout doit être toujours plus grand. Se garder des excès, la discipline, ce sont des valeurs qui se perdent. Dans la liberté aussi il y a des limites ; ma liberté s'arrête à la frontière de la vôtre. [...] La conscience des citoyens, de chacun d'entre nous, doit évoluer. C'est un long développement. Mais jusque-là il y aura encore beaucoup de casse.* »

Puis la vieille dame de 89 ans raconte avec verve, au bonheur amusé des journalistes et du public de l'émission, l'histoire d'un professeur américain à Harvard, Jeffrey Sachs, qui après la fin du communisme, s'est mis en tête d'aller apprendre l'économie de marché aux Polonais.

- *Je me suis dit : les pauvres Polonais ! Mais c'était sans compter avec la roublardise des Polonais. Au bout de trois semaines, ils l'ont refilé aux Russes. Et je prétends qu'il a mis en place les bases d'un système qui a permis à la mafia de se développer. Pour des gens brutaux et sans scrupules, dire que le marché arrange tout, c'est une superbe théorie.*

L'un des deux journalistes, Wolfgang Niess, veut savoir ce que pense le service économique de « Die Zeit » des prises de position de MD ?

- *Il est aussi contre l'excès.*
- *Est-ce que vous ne passez pas pour la « comtesse rouge », avec vos thèses ?*
- *Dans la rédaction non, mais ailleurs oui.* [208]

De même Marion Dönhoff déplore que les médias se focalisent de plus en plus sur des scandales et des articles ou émissions qui font grimper les taux d'audience afin de gagner des parts du marché publicitaire. Mais c'est le contraire qui aurait été surprenant de la part de la figure de proue de l'hebdomadaire des intellectuels allemands.

Dans un texte daté de 1994 et repris dans « Zivilisiert den Kapitalismus », elle analyse les relations entre exigences morales du journalisme et exigences économiques auxquelles sont soumis chaînes de télévision et éditeurs de journaux. Elle fait le constat peu

---

[208] SWR / Die Zeit, *Marion Gräfin Dönhoff - Gespräche zwischen 1953 und 1998 (SWR Bücherbar,* Interview juillet 1998)

original que plus c'est brutal ou plus c'est pervers et plus c'est vendeur. Tout aussi vendeurs sont les événements qui confirment les clichés. En Allemagne, par exemple, très longtemps les Russes faisaient peur, les Polonais passaient pour des voleurs. Il faut vendre de l'espace publicitaire pour avoir les moyens de faire des émissions ou des journaux En même temps il faut « faire de l'audience » ou mettre en avant un large lectorat pour vendre de l'espace publicitaire. Et même si la presse écrite a plus de temps pour vérifier, réfléchir, mettre en perspective, elle est aussi dépendante des schémas de pensée ambiants. Jusque là rien d'original.

Ce qui est intéressant, c'est quand Marion Dönhoff n'hésite pas à rappeler les responsabilités de tout un chacun, pas seulement des magnats de la presse : « *On dit aussi que les commentaires des journalistes sont systématiquement contre les « puissants ». Ils auraient, avec leurs positions négatives, induit une érosion de la démocratie ; ils seraient responsables du dégoût croissant de la politique. De nombreux citoyens font chœur, sans prendre leurs responsabilités par rapport au fait que c'est leur avidité aux scandales qui sur le marché des médias a grandement participé à la fâcheuse situation actuelle*[209] ».

Marion Dönhoff n'a évidemment pas de solution miracle mais elle préfère trop peu de contrôle à trop de contrôle : « *En Allemagne, de nombreux scandales n'auraient pas été découverts sans le magazine « Der Spiegel ». Le rôle de contrôle de la presse est irremplaçable – la question est seulement de savoir où tirer la frontière entre la fonction de contrôle et l'envie de la révélation et de la dénonciation pour le bien du tirage ou de l'audimat.*[210] »

Cette attitude ravive son surnom de « comtesse rouge ». Dieter Buhl demandera à son amie Marie Christine Gräfin Wolff Metternich, si on ne lui avait pas reproché d'être l'amie de la « comtesse rouge ». Eh bien si. Le fait d'avoir renoncé à la Prusse Orientale, d'avoir envisagé d'aller avec Willy Brandt à Varsovie pour la signature du traité de paix, d'avoir fait entrer quelques punks dans son bureau pour discuter avec eux, « ça ne se faisait pas » pour une aristocrate. En fait Marion Dönhoff est très proche du chancelier social-

---

[209] DÖNHOFF Marion Gräfin, *Zivilisiert den Kapitalismus*, p. 73

[210] DÖNHOFF Marion Gräfin, *Zivilisiert den Kapitalismus*, p. 74

démocrate Helmut Schmidt, plus pragmatique que de gauche. Et ses prises de position politiques la rapprocheront plus tard des Verts allemands, conservateurs et proches de la nature, même si leur façon d'être lui était étrangère.

En 1996 elle résume ainsi sa position : « *En ce qui concerne le capitalisme et l'économie de marché, il faut à tout prix les garder et ne pas vouloir les abolir – il faut seulement, pour ainsi dire, les civiliser. Il faut leur assigner des limites*[211].»

Au fait, pour qui est-ce qu'elle vote ? En 1998 elle déclare : « *toujours pour l'opposition ! A Hambourg donc pour la CDU et au niveau fédéral pour le SPD.* [212]» Elle se dit prête aussi à voter pour les néo-communistes du PDS, non pas pour être fidèle à son image de « comtesse rouge » mais pour ne pas les repousser, au contraire les intégrer et en faire de bons démocrates. Et les Verts ? « *Joschka Fischer était récemment chez nous à la rédaction. Il avait des arguments intéressants. Mais je ne voterais pas pour lui parce que ce serait vraiment trop farfelu.* » Farfelu, soit. Mais Joschka Fischer sera tout de même ministre des Affaires étrangères dans le gouvernement du chancelier social-démocrate Gerhard Schröder.

Une autre occasion où on voit son sens de la provocation, son parti-pris pour les opposants, se lit dans une lettre d'octobre 1985, adressée à David McTaggart, le fondateur et premier président de Greenpeace, après une action spectaculaire de cette ONG: « *Cher David, C'est pleine d'admiration que j'ai pensé à vous presque tous les jours ces dernières semaines – ou plutôt mois. Quelle réussite : quelques personnes courageuses avec une vision audacieuse et un petit bateau, défiant avec succès le gouvernement français tout-puissant !* [213] » La lettre pleine d'enthousiasme frondeur a cependant un arrière-goût bizarre quand on pense qu'elle a été écrite en octobre, alors que le Rainbow Warrior a été coulé en juillet, sabotage des services secrets français qui a coûté la vie à un photographe portugais.

Il est intéressant dans ce contexte de rappeler son attitude face au Général Jaruzelski et à Solidarnosc. Là aussi elle préfère les

---

[211] DÖNHOFF Marion Gräfin, *Zivilisiert den Kapitalismus*, p. 35

[212] SWR / Die Zeit, *Marion Gräfin Dönhoff - Gespräche zwischen 1953 und 1998(SWR Bücherbar)*

[213] DÖNHOFF Marion Gräfin, *Ein Leben in Briefen*, p. 224

réformateurs, les pragmatiques. Mais montrer de la compréhension pour le conservateur communiste Jaruzelski, n'est-ce pas encore passer pour dangereusement rouge ? Pas si simple. « Zivilisiert den Kapitalismus » a été traduit (d'après MD elle-même) en moins de quatre mois après sa parution en Polonais, Chinois et Russe. C'est peut-être simplement un signe d'intérêt pour une voie pragmatique, non idéologique.

Rouge ? Arrogante ? Donneuse de leçons ? On pourrait le penser. Mais, MD (sa signature quand elle n'utilise pas son nom complet) sait aussi reconnaître ses grandes erreurs. Elle qui avait défendu une thèse en économie, s'est « magistralement plantée » sur la réforme économique de Ludwig Erhard, le père du « miracle économique allemand ». Au printemps 1948 la rédaction de Die Zeit l'a envoyée à Francfort pour assister à la conférence de presse de cet homme rondouillard, que la plupart des photographies montrent un cigare en bouche - et qui était encore largement inconnu. De retour à la rédaction, elle a, selon son propre souvenir, déclaré à ses collègues : « *Si l'Allemagne n'était pas déjà ruinée, cet homme, avec sa volonté absurde de lever toute réglementation par l'Etat, la ruinerait à coup sûr. Dieu nous garde qu'il ne devienne un jour Ministre de l'économie. Ce serait, après Hitler et le démembrement de l'Allemagne la troisième catastrophe.* »

Comme elle pensait que l'argent allait perdre toute sa valeur et qu'elle avait besoin d'une valise, elle a acheté une superbe valise en cuir. Sa crainte n'étant pas fondée, la valise, qui lui a coûté une bonne partie de son salaire mensuel, s'avèrera trop chère, mais au moins elle l'utilisera intensément et avec bonheur pendant une trentaine d'années, jusqu'en 1978. Un paragraphe plus loin, elle reconnaît : « *Comme tous les autres critiques et sceptiques, je devais très vite voir que le remède de cheval d'Erhard allait, après un temps relativement court, avoir les effets escomptés par lui.* [214]»

La comtesse prussienne n'a de cesse de rappeler les valeurs intellectuelles de la vieille Prusse, celle de Frédéric le Grand : la tolérance dictée par la raison, la raison d'Etat dans une société hiérarchisée et surtout la loyauté sans soumission. L'exemple de loyauté sans soumission qu'elle aime citer, c'est le cas du colonel

---

[214] DÖNHOFF Marion Gräfin, *Deutschland deine Kanzler*, p. 143

Friedrich Adolph von der Marwitz, à qui le roi Frédéric avait fait transmettre un ordre qu'il refusait d'exécuter. A la demande du colonel sa famille fera graver sur sa pierre tombale : « *A connu l'époque héroïque de Frédéric et a combattu avec lui dans toutes ses guerres ; a choisi la disgrâce là où l'obéissance était contraire à l'honneur.*[215] »

Cette Prusse-là avait cessé d'exister, d'après Marion Gräfin Dönhoff non pas lors de sa dissolution officielle le 25 février 1947 mais lorsque le roi de Prusse Guillaume 1$^{er}$ a été couronné Empereur d'Allemagne en 1871 à Versailles. Marion Dönhoff cite souvent son grand-père qui pestait contre ses semblables, qui ne géraient plus leur propriété en fidéicommissaires pour les générations suivantes, mais comme un bien commercial. A son tour la journaliste se plaint un siècle plus tard d'une société qui veut toujours plus, plus de liberté, plus de croissance, plus de profit. Elle plaide pour un minimum de consensus moral, pour le maintien des liens sociaux et des règles de vie commune, sans lesquels notre système politique est voué à l'échec tout comme le système socialiste a sombré. En résumé, elle veut « civiliser le capitalisme ».

Au soir de sa vie, elle plaide encore avec force pour impliquer les citoyens dans la vie de la collectivité. « *Les dix commandements ne suffisent plus*[216] », explique-t-elle. Elle demande que les riches soient obligés d'utiliser leur fortune au moins en partie, par le biais de fondations, pour soutenir une bonne cause.

Marion Dönhoff ne se contente pas d'écrire des essais et commentaires en ce sens. Elle montre de façon concrète son sens social. Elle investit les droits d'auteur de ses nombreux livres dans des projets sociaux. Le plus caractéristique est un logement à Hambourg pour des hommes qui sortent de prison. Elle finance non seulement le logement mais aussi le salaire du travailleur social qui doit accompagner les repris de justice vers la réinsertion sociale. « *Quand Madame Dönhoff vient dans l'appartement, alors les gars se mettent au garde-à-vous. Avant son arrivée, ils cirent le parquet et rangent l'appartement. Elle demande comment ça va et ce qu'ils font. Elle ne prend*

---

[215] Texte original : „Sah Friedrichs Heldenzeit und kämpfte mit ihm in all seinen Kriegen. Wählte Ungnade, wo Gehorsam nicht Ehre brachte »

[216] In *Die Zeit* du 09/07/1993, *Auf neuem Kurs: Aus der Talsohle?*(par exemple)

*pas un air supérieur. Elle parle avec eux comme elle parlerait avec Gorbatchev*[217] », raconte le travailleur social Arno Gehrmann. Marion Dönhoff est par ailleurs membre pendant de longues années du comité consultatif de la prison de Fuhlsbüttel, à Hambourg.

[217] SCHWARZER Alice, *Marion Dönhoff*, p.41

## Éditorialiste et amie des grands de ce monde

Marion Gräfin Dönhoff est un personnage incontournable de l'après-guerre en Allemagne par sa participation à la reconstruction politique et morale du pays et à la réconciliation germano-polonaise.

Mais elle a une intelligence et une curiosité qui vont bien au-delà. Elle parcourt le monde et entretient des relations suivies avec les grands de ce monde.

On l'a vu, elle a « appris » à voyager dès ses jeunes années. Les Dönhoff avaient des connaissances et des amis dans de nombreux pays et continents, ce qui aide à établir les premiers contacts.

Pour ses voyages, la journaliste a la réputation de préférer la deuxième classe en avion, les chambres bon marché et les taxis de brousse. Certes, elle est plus d'une fois « surclassée » lors de longs voyages en avion, dès que les hôtesses la reconnaissent. Elle ne dédaigne pas le confort mais – mis à part ses Porsche et la conduite sportive qui va avec – elle n'a jamais été une adepte du luxe ou du clinquant. On dirait de nos jours qu'elle n'a rien de « bling-bling ». Par contre, elle peut se permettre l'immense luxe de prendre son temps. Elle peut aussi se permettre le luxe de raconter ce qu'elle voit et entend, pas ce que sa rédaction attend d'elle sur la base de dépêches d'agence ou de l'air du temps.

La journaliste raconte ses voyages dans d'innombrables reportages parus dans « Die Zeit ». Ces reportages se lisent aujourd'hui encore à la fois comme des lettres personnelles et des récits de qualité littéraire. Une partie de ces voyages, par exemple sur le continent africain qu'elle sillonne pendant des décennies, ont un parfum d'aventure qu'Alexandra David-Neel n'aurait pas renié.

Dans les années 1950/1960 « Die Zeit » n'a que peu de moyens. Marion Dönhoff peut certes partir jusqu'à trois mois en Afrique et sillonner le continent dans tous les sens. Mais les voyages ne doivent surtout pas être chers. En reportage en mai 1952 au Moyen Orient Marion Dönhoff veut se rendre d'Amman à Bagdad. Elle racontera son odyssée en taxi collectif dans un savoureux reportage « Der Effendi wünscht zu beten », qui donnera à son tour le titre à une collection de reportages publiés en 1998. Plus de 35 ans après, voici comment elle résumera le début du voyage dans une interview de la radio SWR, déjà évoquée : « *Je pensais, en achetant mon billet, qu'il serait particulièrement intelligent de réserver une place à côté du chauffeur, parce que je me disais que là il y aurait un peu d'espace. Cela s'est avéré être une grande erreur, d'abord parce que je devais attendre trois heures au soleil. Il est arrivé avec des cageots de poulets sur le toit et trois gaillards derrière qui parlaient terriblement fort. Après, on m'a placé entre les pieds un grand vase rempli d'eau, car nous allions traverser le désert. On est enfin partis et après une demi-heure de route un immense costaud s'est assis entre le vase, le chauffeur et moi. Et puis on devait sans cesse s'arrêter. Je pensais qu'ils faisaient tous leur prière à la même heure, autour du lever du soleil par exemple. Mais non, chacun avait sa théorie. Chacun avait un petit tapis qu'il déroulait sur le sable du désert. Et après on repartait. Et on s'arrêtait partout pour boire du café. Je n'avais jamais le droit de payer. J'étais toujours invitée. Ca a duré ainsi un jour et une nuit.* [218] »

Elle termine par : « *Aucun journaliste ne serait prêt à voyager dans ces conditions de nos jours. Mais, bien sûr, j'en ai vu beaucoup plus que n'importe lequel de ces journalistes, qui de nos jours se rendent en avion dans la capitale, s'informent un peu et reviennent au bout de trois jours.* »

L'Afrique, qu'elle a connue dans l'entre-deux-guerres, quand elle a rendu visite à son frère Toffi, est restée très importante dans sa vie. Elle se rend souvent dans le sud du continent, où elle ne se contente pas de rencontrer les « grands de ce monde ». Une longue amitié la lie aux époux Helmut et Gertraude Bleks. C'est suite à un infarctus du manager dans une grande entreprise que le couple s'est installé en Namibie, pour y fonder une école. Lui aussi est originaire de Prusse Orientale et a déjà tout lu d'elle, quand elle vient l'interviewer la première fois. L'une de ses toutes premières phrases est : « *C'est un peu comme en Prusse Orientale chez vous.* [219]» La comtesse leur rend ensuite visite régulièrement, seule, avec son neveu Hermann Hatzfeld ou son petit-neveu Friedrich Dönhoff.

Mais elle profite aussi pleinement des discussions qu'elle peut avoir avec les dirigeants ou opposants de nombreux pays. Elle accompagne ainsi l'Afrique du Sud dans son abandon pacifique de

---

[218] SWR / Die Zeit, *Marion Gräfin Dönhoff - Gespräche zwischen 1953 und 1998 (Bücherbar,* 1998)

[219] BUHL Dieter, *Marion Gräfin Dönhoff: Wie Freunde und Weggefährte sie erlebten,* p. 269

l'apartheid. Connaissant personnellement les protagonistes Nelson Mandela et Frédéric de Klerk mais aussi des militants comme Helen Suzman ou le magnat des mines de diamant Harry Oppenheimer, elle exprime tout au long du processus sa confiance dans une évolution pacifique et démocratique.

Les questions africaines sont l'un de ses domaines de prédilection. Elle noue des relations étroites avec de nombreux blancs libéraux et des opposants noirs. Mais quand elle voit qu'un jeune rédacteur talentueux s'intéresse aussi au continent noir et qu'il lui demande de le laisser aller comme correspondant permanent en Afrique du Sud pour observer la fin de l'apartheid qui se profile à l'horizon, elle a l'intelligence de le soutenir à l'intérieur de la rédaction et lui ouvre son carnet d'adresses. D'autres défendraient leur pré carré mais cet épisode rappelle sa réflexion sur les terres mal entretenues après-guerre en Prusse Orientale : elle veut bien se résoudre à lâcher son « domaine » à condition que son successeur sache le cultiver.

Juste retour des choses : la présence de Bartholomäus Grill semble servir sa propre activité journalistique en Afrique du Sud. Lors de sa dernière visite en Afrique du Sud, en octobre 1998 (elle a presque 89 ans), il l'aide à planifier les nombreuses interviews qu'elle veut faire. Il racontera plus tard à Dieter Buhl une anecdote savoureuse. Quand il va la chercher à l'aéroport, elle n'a qu'un modeste sac de voyage avec elle. A son étonnement elle répond qu'on n'a besoin que d'une tenue de semaine et d'une tenue du dimanche. Le reste du temps il suffit de changer de broche pour que les gens aient l'impression qu'on a changé de tenue. Il rapportera aussi plus sérieusement avoir observé qu'elle posait des questions courtes et précises. Et malgré des années de présence sur place, c'est encore son nom à elle qui ouvre le plus de portes, le plus vite.[220]

Elle interviewe les « grands de ce monde » tels Anouar el Sadate ou Michail Gorbatchev. Elle s'intéresse aussi à des personnages moins connus, tels que l'aventurier indien Satyanarayan Sinha.

---

[220] BUHL Dieter, *Marion Gräfin Dönhoff: Wie Freunde und Weggefährte sie erlebten*, p. 277

Elle est fidèle en amitié mais reste ouverte et douée pour de nouvelles amitiés jusqu'à un âge très avancé. L'historien et conseiller de la diplomatie américaine George E. Kennan et sa femme d'origine norvégienne sont devenus ses amis dans les années 50. Ils vont souvent se rencontrer et échanger une correspondance nourrie.

Parmi les nombreux amis de cette européenne ouverte au monde, il serait étonnant de ne pas trouver, outre les Polonais, des Allemands de l'Est ou des Russes. Il y en a et pas des moindres. A Berlin Est, Marion Gräfin Dönhoff s'est liée d'amitié avec le dissident Robert Havemann. A Moscou, c'est avec le traducteur de la littérature allemande, Lev Kopelev, qu'elle partage estime et admiration réciproques. Lorsqu'il doit quitter l'URSS, elle l'aide à s'installer en Allemagne. Le diplomate soviétique Valentin Falin fait également partie de ses proches.

Marion Dönhoff rencontre le diplomate et politologue américain Henry Kissinger en 1955 à New-York, alors qu'il n'a que 32 ans. S'en suit une amitié personnelle jusqu'à la mort de la comtesse. Kissinger, né Juif allemand, et sa femme Nancy écriront un jour que parmi la dizaine de personnes sur lesquelles ils sont sûrs de pouvoir compter en toutes circonstances, Marion Gräfin Dönhoff est l'une des plus sûres. Henry Kissinger est pendant des décennies l'un de ceux qui lui expliquent les Etats-Unis et leur politique.

Richard von Weizsäcker, président fédéral fait aussi partie du cercle d'amis proches. Ils ont commencé à bien se connaître pendant l'hiver 45/46, alors qu'il était étudiant à Göttingen et qu'elle vivait non loin de là à Brunkensen. Il se souviendra après sa mort, dans une interview avec Dieter Buhl, de l'amitié avec Marion et leur ami commun Axel von dem Bussche en ces termes, amicalement ironiques : « *Nous avons voyagé ensemble, nous nous sommes beaucoup vus et l'avons laissée nous imprégner de son influence pédagogique* [221]». Il dit aussi, en présence de l'autre ami, Helmut Schmidt : « *Son jugement politique s'adosse au temps historique. Sa modestie lui vient de la vieille Prusse, la culture de l'Europe, le « common sense » de sa connaissance du monde.* »

---

[221] BUHL Dieter, *Marion Gräfin Dönhoff: wie Freunde und Weggefährten sie erlebten*, p. 99

Cette tendre ironie, la comtesse la pratique aussi envers son cadet de onze ans, né en 1920. Pour ses 75 ans elle lui écrit :

*« Cher Richard,*

*Je me demande où nous nous sommes vus la première fois. Je pense que c'était en 1945 à Brunkensen, chez Eberhard Görtz. C'est là-bas, entre Hanovre et Göttingen, que ceux qui restaient de ma famille s'étaient retrouvés à la fin de l'exode. En tout cas je me souviens qu'Axel Bussche, qui y était aussi, nous a préparés à la visite de Richard Weizsäcker qu'il nous a présenté comme un personnage tellement extraordinaire, que lorsque ce jeune officier est effectivement arrivé, j'étais plutôt déçue. J'ai pensé : très intelligent certes, particulièrement agréable oui, plein d'humour aussi – mais extraordinaire ?*

*Nous avons ensuite passé la soirée avec des amis d'Eberhard, qu'un même destin avait rassemblés à Brunkensen, bu du schnaps et fait des projets. Ce schnaps – rare et précieux à l'époque – avait sa propre histoire. Un voisin de Harbausen, Erne Cramm (frère de Gottfried) brûlait du schnaps sur sa ferme. La vue de tant de réfugiés dépossédés l'a de toute évidence touché et c'est ainsi qu'un jour il nous a offert un carton de 6 bouteilles avec les mots : « pour base de votre avenir ».*

*Il est vrai qu'à l'époque on pouvait obtenir tout ce qu'on désirait avec une bouteille de schnaps. Nous faisions donc des projets. L'une des mamans espérait faire entrer ses enfants dans l'école surchargée, un autre avait impérativement besoin d'un manteau chaud, moi – fatiguée des cartons – rêvais d'une valise. Tous ces projets qui grossissaient au fur et à mesure, ont trouvé une fin brutale lorsqu'un soir – je crois que c'était le soir de ta visite – mon frère est remonté de la cave avec la terrible nouvelle : « Les enfants, c'est la dernière bouteille ».*

*Axel disposait à l'époque encore d'une voiture antédiluvienne de marque DKW, qui lui avait été accordée à cause de ses graves blessures. C'est ainsi que nous avons décidé d'aller à trois – Axel, toi et moi – à Nuremberg pour observer la manière dont les Alliés conduisaient le procès Göring, Streicher, Kaltenbrunner et compagnie. C'était un long et difficile voyage au cours duquel, comble de malchance, j'ai perdu un sac à dos emprunté, dans lequel y avait tout ce que je possédais encore.*

*Lorsque nous sommes enfin arrivés devant le palais de justice de Nuremberg, nos regards se sont posés sur deux tanks américains postés à gauche et à droite du portail. Les canons étaient tournés vers les visiteurs, l'équipage avait une allure déterminée et martiale. Tout d'un coup j'ai entendu l'un de vous dire à l'autre : « On tourne les tanks, les gars sortent et nous on entre ». J'étais terriblement effrayée par ce soudain état d'esprit guerrier. A ma question effarée « Mais qu'est-ce qui vous a piqués ? » la réponse fut rassurante et convaincante à la fois : « Ces criminels se sont rendus tout aussi coupables vis-à-vis de nous que de nos ennemis. C'est la raison pour laquelle nous devons exiger d'être aussi à la table des juges. »*

*Richard, nous avons souvent discuté lors des 50 ans qui ont suivi de l'Ostpolitik, de démocratie et des partis, de valeurs éthiques, du quotidien de plus en plus brutal. Nous étions souvent emplis d'espoir, parfois nous avons désespéré, mais j'étais toujours admirative devant ta capacité à réconcilier le pouvoir et la morale. Rester crédible dans un monde où les grandes phrases sont rarement suivies d'actes à la hauteur.*

*J'ai souvent dû penser ces dernières années à ce que tu as dit lors de la Wende*[222] *au printemps 90. A l'époque déjà se mêlait chez toi à la joie de voir l'évolution politique la crainte que la réunification ne s'épuise dans des objectifs économiques et n'ensevelisse tout ce que les citoyens de l'Est pouvaient apporter de positif; car ils ne viennent pas seulement pour prendre mais sans aucun doute aussi pour donner, disais-tu. Nous devrions fortifier leur confiance en eux-mêmes au lieu de la saper ; il n'était pas admissible qu'ils soient obligés d'adopter notre façon de vivre, nos jugements et nos valeurs, disais-tu.*

*Voilà que j'ai bien failli oublier la raison de cette lettre, te féliciter pour un anniversaire tout ce qu'il y a de plus normal, car vraiment tu ne m'en imposes pas avec tes 75 ans !*

*As ever, for ever and thereafter*[223].

*Marion*[224]"

Marion Dönhoff est également proche du frère, le physicien et philosophe Carl Friedrich von Weizsäcker. A Alice Schwarzer ce dernier dit de Marion : « *Elle n'a pas changé : elle est la même à l'automne 95 qu'à l'automne 45. Elle nous a toujours montré la voie, à nous les plus jeunes. Elle exigeait de nous que nous ne bradions pas nos talents ! Je pense*

---

[222] Ndt : „Wende" fait allusion au changement politique suite à la chute du Mur de Berlin.

[223] Ndt : en Anglais dans l'original

[224] DÖNHOFF Marion Gräfin, *Ein Leben in Briefen,* p. 246

*que ce qui est vraiment important, pardonnez-moi, ce n'est pas ce qu'elle a écrit, mais sa pédagogie.* »

Helmut Schmidt, chancelier de 1974 à 1982, est l'un de ses proches amis. Ils sont coéditeurs de « Die Zeit », mais ils sont bien plus. Lors de la fête de son 80e anniversaire au Thalia Theater de Hambourg, Helmut Schmidt remercie trois femmes, qui ont beaucoup compté dans sa vie : sa femme Loki, sa fille Suzanne et Marion Dönhoff.

Fritz Stern, l'un des amis communs de Helmut Schmidt et de Marion Dönhoff fait partie de ces grands intellectuels avec lesquels la comtesse entretient des relations continues et privilégiées. Pourtant, c'est seulement après son décès que l'émigré juif, qui a fui le nazisme avec ses parents, s'est rendu compte d'un lien très important avec l'amie de longue date, la fuite et la perte de la patrie : « *Tout d'un coup j'ai réalisé que c'était notre destinée commune. Un jour, quelqu'un m'a demandé ici à New York, ce qu'évoquait pour moi le mot « patrie ». Et là j'ai répondu « apatride ». Apatride. Tout à fait spontanément.* [225]» Ils ont dû fuir pour des raisons bien différentes – mais ils étaient tous deux des déracinés.

Tönnies Hellmann, né en 1912 dans une famille d'ouvriers à Hambourg, fait aussi partie des hommes qui aident la comtesse à comprendre le monde. L'ancien ouvrier du port de Hambourg a quasiment le même âge qu'elle, il habite la même ville et il a résisté contre le nazisme. Mais il y a un monde entre eux. L'ouvrier stalinien fervent, torturé dans les geôles de la Gestapo, a été jugé indigne de servir dans la Wehrmacht. Puis il a tout de même été incorporé et envoyé sur le front de l'Est où l'Armée rouge l'a fait prisonnier et l'a gardé cinq ans dans des camps. Ayant obtenu la confiance de ses geôliers il a terminé son cursus de prisonnier de guerre dans une école pour futurs cadres communistes à Moscou. C'est là qu'il a commencé à avoir des doutes sur le paradis du socialisme. De retour chez lui à Hambourg en 1950, il vénère toujours Staline. Les doutes n'étant pas permis chez les camarades il met des décennies à oser s'affranchir.

---

[225] BUHL Dieter, *Marion Gräfin Dönhoff: wie Freunde und Weggefährten sie erlebten*, p. 316

Arrivé à la retraite Tönnies Hellmann se met à lire, lire et lire encore de la littérature mais aussi des livres politiques. Il se cherche un journal dans lequel il pourrait assouvir sa soif d'apprendre. C'est « Die Zeit ». Il commence donc à lire dans « Die Zeit » les reportages et les éditoriaux de la comtesse. En général il les approuve.

Vient un jour, en 1984, où un éditorial de la comtesse lui déplait profondément. Et comme il n'a ni la langue ni la plume dans sa poche, le jour où il se trouve en contradiction avec elle, eh bien il lui écrit. Oh, il ne pense pas qu'elle va s'attarder sur sa lettre. Mais il lui écrit tout de même. Quatre jours après il trouve la réponse dans sa boite aux lettres. Etonnement, bien sûr. Tönnies Hellmann: « *Après, elle m'a invité à prendre le café dans son bureau. A la Maison de la Presse, j'ai déjà prudemment demandé à la réception comment il fallait que je m'adresse à la comtesse ? Ils ont tous dit : « Ici on dit tout simplement : comtesse ». Bon, et ils ont annoncé en haut mon arrivée. Et sa secrétaire, Madame Brauer arrivait déjà pour me chercher. Nous avons pris ensemble l'ascenseur pour monter. Je me suis glissé chez elle, cravaté et tiré à quatre épingles, et fait une petite révérence – si mes camarades d'autrefois avaient vu ça, ils auraient affiché un terrible sourire …* »

Tönnies Hellmann va de surprise en surprise : « *Elle aime bien poser des questions, des questions difficiles. J'ai essayé de répondre à toutes. Je n'arrivais pas à y croire : quelqu'un de ce milieu qui parle avec toi, le simple travailleur. Et cette femme parle avec toi de choses et d'autres. Et elle te parle dans une langue compréhensible ! Avant, j'ai toujours pensé que la noblesse avait son propre langage. Mais la comtesse parle aussi la langue des petites gens. Elle sait s'exprimer devant des scientifiques mais aussi devant des petites gens. C'est son art de la discussion. Elle s'intéressait beaucoup à ma vie et à mon opinion politique. Et j'ai constaté à maintes reprises, que nos points de vue politiques se recoupaient.*

Les idées mais aussi l'attitude de la comtesse étonnent l'ouvrier retraité : « *A un moment la comtesse dit : « Monsieur Hellmann, je dois maintenant rentrer. Est-ce que je vous dépose quelque part ? » Je n'ai pas vraiment compris. En tout cas, nous nous sommes mis en route ensemble. Bon, nous voilà dans l'ascenseur, nous descendons et au rez-de-chaussée, elle ne sort pas. Je lui dis : « Où est-ce que vous voulez aller ? » - « Je dois aller au parking en sous-sol », répondit-elle. « Quoi ? Vous conduisez encore ? » Là, j'étais bluffé. Mais je devais sortir pour aller retrouver ma femme, qui m'attendait en prenant un café chez Karstadt*[226]*, au coin de la rue.*[227] »

Après cette première entrevue la comtesse et l'ancien ouvrier stalinien des chantiers navals restent en contact jusqu'au décès de la journaliste. Ils s'écrivent et se rendent visite. Tönnies Hellmann n'est pas, quoiqu'il en dise, un simple ouvrier, pas plus qu'elle n'est une simple aristocrate déracinée. L'ancien résistant communiste peut se permettre de lui rappeler par exemple que la Résistance allemande n'a pas été l'apanage d'une partie des aristocrates. Dans ses mémoires, transcrits par Friedrich Dönhoff et Jasper Barenberg, il évoque un million de résistants allemands, dont 32 000 condamnés à mort exécutés entre 1933 et 1945. En tant que journaliste politique, Marion Dönhoff est curieuse de nature et une curieuse professionnelle. Elle gagne à confronter ses idées avec un homme comme Tönnies Hellmann, qui est lui aussi curieux et avide d'échanges d'idées.

Toutes ces relations et amitiés permettent à la journaliste politique de sentir les changements, de comprendre ce qui se passe. Mais elle n'est pas infaillible et elle le sait. Ainsi, elle raconte à Alice Schwarzer : « *Quand à l'été 1990 le chancelier fédéral est revenu du Caucase, où il avait rencontré Gorbatchev, avec la réunification en poche – ce qui nous a tous stupéfiés -, j'étais persuadée que cela ne signifiait pas l'entrée de la RDA dans l'OTAN. Il me paraissait impensable que le Gouvernement soviétique, qui pendant 40 ans avait diabolisé l'OTAN jusqu'au fin fond des campagnes, pourrait laisser cet OTAN s'avancer jusqu'à ses frontières. J'ai écrit un petit commentaire en ce sens. Mais il n'y avait pas de place et il n'a pas été publié. J'étais d'abord un peu triste jusqu'à ce que le lendemain on apprenne que la RDA intégrerait bel et bien l'OTAN, contrairement à mon idée. J'ai donc failli me planter – ça s'appelle avoir de la chance.* [228]»

Il n'est pas étonnant qu'avec une telle constellation d'activités et d'amis dans le monde politique, on ait demandé à Marion Gräfin Dönhoff de s'engager en politique. Mais lorsque, en 1979 Willy Brandt lui propose de poser sa candidature au suffrage indirect pour

---

[226] Ndt : Karstadt était une chaine de grands magasins

[227] DÖNHOFF Friedrich, BARENBERG Jasper, *Ich war bestimmt kein Held,* p. 222

[228] SCHWARZER Alice, *Marion Dönhoff,* p. 256

l'élection du président fédéral, elle refuse, ne se sentant pas compétente. Elle propose le physicien et philosophe Carl-Friedrich von Weizsäcker, qui décline pour d'autres raisons. (C'est le frère cadet de Carl-Friedrich et également ami de Marion, Richard von Weizsäcker, qui sera président fédéral de 1984 à 1994.)

Cela ne veut pas dire qu'elle n'a pas d'engagement politique autre que son activité d'éditorialiste de l'une des publications les plus influentes d'Allemagne.

Dans les années 60, elle fonde un petit club d'amis, le « Blankeneser Kreis », qui se réunit environ six fois par an dans sa maison de Hambourg. Les frères Weizsäcker, Helmut Schmidt, des armateurs, des banquiers font partie de ce petit cercle où on parle de politique, d'économie, de sciences, en toute confiance.

En octobre 1995 elle écrit à diverses personnalités allemandes, pour redonner vie à une institution fondée en janvier 1863 à Berlin. 16 intellectuels et hauts fonctionnaires se réunissaient deux fois par mois chez l'un d'entre eux. Le maître de maison faisait un exposé suivi d'une discussion. Cette « Mittwochsgesellschaft », autrement dit « société du mercredi », s'est sabordée après le 20 juillet 1944, quatre de ses membres ayant été exécutés. La nouvelle « Mittwochsgesellschaft » réunit à partir de janvier 1996 une dizaine de fois par an, outre Marion Dönhoff, l'ancien président chrétien-démocrate Richard von Weizsäcker et l'ancien chancelier social-démocrate Helmut Schmidt, une douzaine de personnalités moins connues en France, comme la députée verte Antje Vollmer, le grand patron Edzard Reuter, les sociaux-démocrates Wolfgang Thierse ou Egon Bahr. Parmi leurs sujets de discussion : la crise éthique de l'économie sociale de marché, morale et justice ou les Droits de l'Homme.

Ces hommes et ces femmes, qui font partie de l'élite politique allemande présentent à tour de rôle un court exposé ou écoutent un invité, échangent des idées, se forgent une opinion loin des effets de manche habituels devant les médias. Toutes les discussions sont transcrites et deux ouvrages en sont tirés et publiés en 1998 et 1999.

Si la liste des intellectuels et des décideurs avec qui Marion Dönhoff entretient des relations suivies en anglais ou en allemand est très longue, il n'y a quasiment pas trace de Français. C'est peut-être la principale raison pour laquelle elle n'est pas connue en France.

## Marion Dönhoff et les féministes

« *Les femmes ne l'intéressent pas. Mais vous devriez la voir pendant une conférence. Elle est plus rusée que tous les hommes ! Elle est dénuée de toute vanité. Elle est pragmatique. Pendant que les hommes font les paons, elle tape dans le mille* [229] », confie Hermann Graf Hatzfeld, neveu de Marion Dönhoff, à Alice Schwarzer.

Les deux femmes se connaissent bien et s'apprécient. L'estime réciproque des deux journalistes à la biographie et à la personnalité radicalement différentes étonne au premier abord. Mais sont-elles si radicalement différentes ?

Alice Schwarzer, est née en 1942 dans la Ruhr. Fille d'une jeune mère célibataire, elle a été élevée essentiellement par ses grands parents, de modestes buralistes. Elle se souvient avoir lu les articles de Marion Dönhoff dans « Die Zeit » quand elle était jeune fille et dans le premier tome de son autobiographie elle écrit à propos de la comtesse : « *... sa simple existence ouvrait pour moi la possibilité de devenir journaliste politique.* [230]»

Après divers allers-retours entre la France et l'Allemagne, en tant qu'étudiante puis journaliste Alice Schwarzer cofonde en 1977 le magazine féministe « Emma », dont elle devient l'unique et exigeante patronne.

Journaliste, auteure, éditrice, elle n'a pas peur d'exercer le pouvoir, voire d'en abuser. Elle sait aussi faire preuve de courage politique : Elle se bat pendant des décennies pour l'égalité des femmes et pour des droits tels que l'avortement et elle refuse de licencier sa collaboratrice Christiane Ensslin, lorsque la sœur de cette dernière, la terroriste Gudrun Ensslin fait trembler l'Allemagne.

Exubérante, intelligente, querelleuse, drôle et effrontée, la plus célèbre féministe d'Allemagne réussit à se hisser d'une condition sociale modeste vers le pouvoir et la célébrité et elle réussit loin de Hambourg, où se concentre la grande bagarre médiatique.

---

[229] SCHWARZER Alice, *Marion Dönhoff*, p. 32
[230] SCHWARZER Alice, *Lebenslauf*, p. 255

Femme de pouvoir et de réseaux, Alice Schwarzer a le mérite d'avoir bousculé les âmes bien-pensantes qui pèsent sur l'évolution de toute société et elle a été l'une des figures historiques d'années charnières dans l'Histoire des femmes en Allemagne. On peut se demander si ses prises de position clinquantes et cinglantes ont vraiment fait avancer la cause des femmes, l'égalité des sexes, le droit à l'avortement ? Ou bien est-ce plutôt une Marion Dönhoff qui en donnant l'exemple d'une égalité – voire supériorité – intellectuelle et professionnelle avec les hommes fait avancer la cause des femmes ? Probablement les deux, chacune à sa façon.

En 1987 Alice Schwarzer écrit un portrait de Marion Dönhoff dans son magazine féministe « Emma », intitulé « Der Häuptling » (le chef de tribu). Auparavant, la comtesse a rendu visite à la rédaction de « Emma ». L'abrogation du « paragraphe 218 » (autrement dit la loi interdisant l'avortement) est l'un des chevaux de bataille de « Emma » et l'hebdomadaire « Die Zeit » est dans son propre style très ouvert à la dépénalisation de l'avortement. Mais jamais Marion Dönhoff n'a écrit sur des sujets féministes. Elle montre l'exemple en faisant un métier d'homme et en vivant librement. Elle dédaigne totalement les « histoires de bonnes femmes ». A la question des consœurs lui demandant qui elle serait, si elle avait 20 ans en 1970, la comtesse répond :

- *J'aurais été membre de cette APO*[231]
- *Et le mouvement des femmes ?*
- *Pardon ? … Je ne m'imagine vraiment pas lutter dans un groupe constitué uniquement de femmes.*[232]

Qu'à cela ne tienne, l'article et la une sont élogieux et la comtesse écrit une lettre de remerciement joliment tournée. Les féministes auraient aimé qu'elle soit l'une des leurs mais ne lui en veulent pas. Elles comprennent et respectent sa façon de mener le même combat qu'elles avec d'autres armes.

Parmi les biographes de Marion Dönhoff Alice Schwarzer tient une place particulière. Elle écrit son livre du vivant de la grande dame de la presse, après de longues discussions avec celle qui a été

---

[231] Ndt : Ausserparlamentarische Opposition – opposition extraparlementaire

[232] SCHWARZER Alice, *Marion Dönhoff*, p. 222

son modèle en journalisme. Et la comtesse prussienne, qui a la réputation de peser ses compliments, trouve l'œuvre tout à fait acceptable.

Elles ont du caractère toutes les deux. Toutes les deux sont connues pour leur exigence. Et elles préfèrent certainement se battre aux côtés de ou contre les garçons, plutôt que de gémir avec les filles. L'une comme l'autre sont appréciées par les « grandes gueules » du journalisme allemand. Ainsi, Rudolf Augstein, patron du « Spiegel », hebdomadaire concurrent de « Die Zeit », offre à Marion Dönhoff pour son 80e anniversaire une Porsche, une vraie. Elle dit gentiment merci avant de refuser le somptueux cadeau, qui est tout de même entré dans l'Histoire du journalisme allemand.

Deux garçons manqués donc, jusqu'à l'âge des vieilles dames indignes ? Encore une fois, ce serait trop simple, car chacune à sa façon sait jouer de son charme, tout comme les hommes savent jouer de leur charme pour convaincre. A la même époque Henri Nannen, le patron du magazine « Stern », ou Jean-Jacques Servan-Schreiber, patron de « L'Express », n'hésitent pas à charmer leurs interlocuteurs. On peut aussi parler de charisme.

## La dignité des origines, jusque dans la mort

La grande dame a gardé sa curiosité, sa volonté, son amour des voyages, des découvertes, et de l'écriture journalistique quasiment jusqu'au bout. La dernière année de sa vie, elle va encore régulièrement à son bureau au 6e étage de la maison de la presse pour répondre à son courrier, téléphoner, recevoir des visiteurs. Elle prend avec Helmut Schmidt activement part aux conférences de rédaction de la rédaction politique et ne se gêne pas pour poser des questions difficiles ou distribuer compliments et remontrances.

Elle qui n'a pas eu d'enfants, a toujours été très proche de ses neveux et nièces, ainsi que de ses petits neveux et petites nièces. Friedrich Dönhoff, petit-fils de son frère Toffi, est particulièrement présent pendant la dernière décennie de sa vie. Il a décrit l'amitié qui le liait avec sa grand-tante dans « Die Welt ist so, wie man sie sieht » (Le monde est tel qu'on le voit), l'une des expressions favorites de son aïeule.

Friedrich est le cadet de Marion d'une soixantaine d'années. Ils commencent à dialoguer intensément quand il a 12 ans et surtout plus tard quand il part de Bonn, faire ses études puis travailler à Hambourg.

La vieille dame tient son monde en haleine. Jusqu'à un âge avancé elle adore conduire sa Porsche. Une Porsche rouge vif, qui pourrait avoir ravivé son surnom de « comtesse rouge ». Les radars de la police la connaissent bien. Un jour où des policiers lui reprochent d'avoir roulé à 56 km/h là où la vitesse est limitée à 50, elle leur rétorque, offusquée : « *Je fais toujours du 80 à l'heure. Au moins.*[233] » Elle ne cessera de conduire qu'à 90 ans, et encore à contrecœur.

La comtesse apprécie la conduite « sportive » des chauffeurs de taxi napolitains ou de microtaxi sur l'île d'Ischia, où sa sœur aînée Yvonne a acheté une maison de pêcheur, devenue lieu de retrouvailles familiales.

Alors qu'elle a autour de 85 ans elle passe quelques jours sur l'île avec sa belle sœur Sissi et la fille de celle-ci, Karin. Comme

---

[233] DÖNHOFF Friedrich, *Die Welt ist so, wie man sie sieht*, p. 11

souvent elles ont réservé une petite Fiat pour se déplacer sur l'île. Au moment d'aller chercher la voiture, chacune propose à une autre d'y aller. Trois grands silences. Elles avaient chacune dû rendre leur permis pour excès de vitesse[234].

La conduite « sportive » de la comtesse est connue et redoutée. Mais elle est tolérée tout comme on tolèrera que l'ancien Chancelier Helmut Schmidt fume devant les caméras de télévision et fasse ainsi à plus de 95 ans un magistral pied de nez à toutes les campagnes de prévention du tabagisme. Les grands anciens ont leurs grandes marottes et peut-être bien que les Allemands ont plus de tendresse pour eux que les Français.

Friedrich accompagne Marion dans divers grands voyages. Alors qu'elle a déjà plus de 80 ans ils rendent visite à des amis en Namibie et en Afrique du Sud. Pendant ces voyages, tout comme à Hambourg, Marion Dönhoff complète la culture politique de son neveu. Elle raconte aussi des épisodes de sa vie, comme par exemple cette chasse au Kenya, où elle avait tué un léopard. La jeune Marion, en visite pendant plusieurs mois chez son frère Toffi, qui s'était installé en Afrique, était à 21 ans déjà, un chasseur émérite. « *C'était rudement bien à l'époque de tirer un léopard. Mais aujourd'hui j'ai changé d'avis. Je ne pourrais plus tirer sur un animal*[235]», dit-elle à Friedrich.

Parmi les voyages les plus émouvants, il y a certainement ceux qui les mènent en Prusse Orientale. En juin 1992 ils partent à Königsberg, devenue après-guerre l'enclave soviétique de Kaliningrad, zone militaire interdite. Ils se rendent ensemble à Friedrichstein, à une vingtaine de kilomètres de Kaliningrad, où le jeune Friedrich reconnait sans peine la majestueuse allée de tilleuls, dont une ancienne photographie est posée sur le bureau de sa grand-tante. On peut aussi deviner, deviner seulement, l'emplacement du château, entièrement détruit par un incendie peu après l'arrivée des soldats de l'Armée rouge.

Marion n'est pas étonnée. Elle était déjà revenue une première fois en 1989 avec son neveu Hermann, sans vraiment le vouloir. Les hôtes russes avaient organisé l'excursion sur les lieux de son enfance,

---

[234] BUHL Dieter, Marion Gräfin Dönhoff – *Wie Freunde und Weggefährten sie erlebten*, p. 112
[235] DÖNHOFF Friedrich, *Die Welt ist so, wie man sie sieht*, p. 52

en marge de la remise d'une statue miniature de Kant, qu'ils avaient amenée par la route, en « deux chevaux ». Elle avait beaucoup hésité puis accepté par politesse ou par curiosité, en tout cas en rassemblant tout son courage. « *Le premier regard tombe sur le lac, comme sorti d'un songe, beau comme de tout temps, d'autant plus beau que le rideau d'arbres qui l'encadre s'illumine des premières couleurs d'automne. Mais ce que l'on voit ensuite, ou plus exactement, ce que l'on ne voit pas, dépasse l'entendement : on dirait que l'immense château a été englouti par le sol, il n'en reste rien, pas même un tas de décombres. Il nous faut chercher un moment avant de trouver son ancien emplacement. On ne voit plus rien de la pelouse, des haies, des chemins. L'ancien moulin – disparu, le long bâtiment de l'écurie - disparu aussi. Tout est envahi de buissons, d'orties, d'arbustes. Une forêt vierge a englouti la civilisation*[236]», écrira-t-elle dans « Die Zeit ».

L'allée de tilleuls et quelques bâtiments agricoles plus ou moins en ruines sont les tristes témoins du passé. Friedrichstein, qui était pendant des décennies une réalité inatteignable dans l'esprit de la comtesse, devient une apparition appartenant au monde des songes. « *Et en fin de compte il s'y trouve bien*», conclut-elle.

D'autres châteaux de Prusse Orientale, détruits à la fin de la guerre, sont des ruines effrayantes et majestueuses. D'autres encore, tel Steinort, devenu Sztynort, se délabrent tristement ces dernières années. Si Steinort a échappé à la destruction, c'est probablement parce qu'il a servi de quartier général à un général russe et son état-major.

En 1992, Marion Gräfin Dönhoff fait donc avec son petit-neveu Friedrich une excursion de Kaliningrad à Friedrichstein et à la mer. La comtesse est triste de revoir le monde englouti de son enfance, cependant elle semble encore plus triste de voir que les fermes alentour, qui pendant sa jeunesse étaient prospères, sont maintenant abandonnées ou mal tenues. Mais ce n'est qu'un détour. S'ils sont là, c'est pour une toute autre raison. C'est pour l'inauguration de la nouvelle statue du philosophe Emmanuel Kant, une statue à l'histoire mouvementée.

---

[236] In *Die Zeit*, 1er septembre 1989, *Reise ins verschlossene Land*

A l'automne 1944, le chargé des affaires culturelles de Königsberg avait appelé la comtesse chez elle, à Friedrichstein. Il se faisait du souci pour la statue du philosophe Emmanuel Kant, enfant de la ville. Cette statue se trouvait depuis une centaine d'années devant l'université et elle risquait d'être détruite pendant l'un des bombardements - qui effectivement détruiront presque complètement la cité. La comtesse, dont l'un des aïeux avait suivi les cours de Kant (elle avait retrouvé des carnets avec des notes de cours dans les archives familiales)[237], a immédiatement accepté de chercher un refuge sûr pour la statue dans le parc du château, où elle est restée après sa fuite vers l'Ouest. Bien des années plus tard, le chef du service culturel de Kaliningrad lui a écrit à Hambourg pour lui dire que la statue de sept mètres de haut, socle compris, avait disparu. La comtesse a bien répondu avec une description détaillée de la cachette et une esquisse. Pendant les sondages dans le parc, on a bien retrouvé des statues enterrées mais pas la statue du philosophe Kant.

Dans les années 1980, la rédactrice en chef de « Die Zeit » a retrouvé le moule d'une copie de 50 centimètres de haut, œuvre du même artiste Christian Rauch. Grâce au prix Heine qui venait de lui être décerné par la ville de Düsseldorf, elle a pu en faire faire un moulage en bronze. C'est cette miniature qu'avec son neveu Hermann Hatzfeldt elle avait transportée par la route dans une « deux chevaux » à Kaliningrad.

Mais ce n'était qu'une petite réplique. Elle voulait que le philosophe des Lumières remonte sur son piédestal qui avait entre temps été retrouvé dans Kaliningrad. Elle a donc lancé une souscription dans « Die Zeit » en faisant appel surtout aux anciens de Prusse Orientale. Les souscripteurs ont donné entre 10 et 5000 marks. Une retraitée lui a écrit qu'elle ne pouvait pas donner plus de 10 marks par mois. Elle a donc fait un virement de 10 marks par mois pendant trois ans[238]. Avec les 100 000 marks ainsi réunis et une importante donation privée la comtesse prussienne a fait exécuter

---

[237] HECK Kilian Heck, THIELEMANN Christian, *Friedrichstein* (contribution de Heinrich LANGE)

[238] DÖNHOFF Marion Gräfin, *Ein Leben in Briefen*, p. 240

une copie de l'ancienne statue. Cette copie est inaugurée en juin 1992 sur le même lieu qu'avait occupé l'original devant l'université.

Son collègue à la rédaction de « Die Zeit », Haug von Kuenheim, originaire de Königsberg, se souviendra d'une inauguration aussi euphorique qu'officielle de la nouvelle statue de Kant à Kaliningrad : « *Le recteur de l'université de Kaliningrad ne se contrôlait plus. Il est tombé sur Marion Dönhoff en répétant en russe : « Je vous aime ! Je vous aime ! » Il la prenait dans ses bras, est passé du vouvoiement au tutoiement et ne voulait plus se détacher d'elle. Enfin, il a attrapé une bouteille de Vodka, a exigé des verres et la comtesse, rayonnante, qui dans certaines situations savait ne pas rester de marbre, a fixé le Professeur déjà tout rouge et a avalé une monumentale gorgée.*[239] » Quant à Marion Dönhoff, elle écrit en 1998 : « *Le seul acte de ma vie, qui à mes yeux est essentiel, est le retour de la statue de Kant à Königsberg.*[240] »

Peu avant son 90e anniversaire, le 1er novembre 1998 la comtesse est faite Docteur honoris causa de l'université de Kaliningrad. Ce n'est pas banal pour une descendante des grands propriétaires prussiens dans ce qui est devenu une enclave territoriale soviétique. Elle exprime le souhait que la Baltique devienne au nord un carrefour comme l'est au sud la Méditerranée. Elle termine son discours en citant le responsable de la section de Kaliningrad du fonds culturel soviétique, Jurij Iwanow : « *Kant ne vous appartient pas. Kant ne nous appartient pas. Il appartient à l'humanité.* [241]»

Marion et Friedrich se rendent également ensemble à Nikolaiken, devenue Mikolajki, où un lycée de jeunes filles a demandé à porter son nom. Nikolaiken était aussi l'une des étapes de l'excursion à cheval pendant laquelle Marion et sa sœur Sissi avaient en 1941 déjà pris congé de la Mazurie. Souvenirs.

A Hambourg, la tante et son neveu vont régulièrement au cinéma. La « Liste de Schindler » l'impressionne particulièrement.

---

[239] KUENHEIM Haug von, KÜRTZ Hans Joachim, *Ostpreußen – Auf den Spuren von Marion Gräfin Dönhoff*, p. 24

[240] DÖNHOFF Marion Gräfin, *Ein Leben in Briefen*, p. 242

[241] DÖNHOFF Marion Gräfin, *Was mir wichtig war*, p. 117

Mais en général, même quand elle aime le film, elle s'ennuie vite et part à la moitié de la projection. Tant pis pour celui qui l'accompagne.

Sur l'île d'Ischia comme à Hambourg, la célèbre vieille tante, un verre de Cognac ou un Campari orange à la main, aime parler politique ou de ses amis. Ce qui revient souvent au même, quand par exemple elle parle de Michail Gorbatchev, Richard von Weizsäcker, ou Helmut Schmidt.

Elle peut se montrer casse-pieds, par exemple quand elle se mêle de cuisine, alors qu'elle n'est pas capable de faire cuire un œuf, ou quand elle commande tout son petit monde. Par contre, quand à Ischia les jeunes jouent aux échecs, elle les laisse faire. Elle ne sait pas non plus jouer aux échecs mais peut-être qu'elle respecte assez cet art, pour s'en retourner discrètement à sa lecture des journaux.

L'humour, le côté farceur de la grande intellectuelle allemande a de quoi fasciner les jeunes de son entourage. Elle est une encyclopédie vivante. Elle qui a connu personnellement tous les chanceliers d'après-guerre leur raconte l'Histoire de manière personnelle : elle admire particulièrement Willy Brandt, elle trouve que Gerhard Schröder a après les erreurs du début vite appris son métier de chancelier. C'est Helmut Schmidt qui à ses yeux est le plus capable de tous.

Intellectuelle mais « tête en l'air », elle égare sans cesse tout ce qu'elle emporte avec elle par exemple dans les taxis ou tramways. Heureusement, elle a une prédilection pour les sacs en plastique de l'épicerie de luxe Ahrens à Blankenese (Hambourg) comme porte-documents, ce qui permet parfois de les retrouver. Mais elle ne remet pas toujours la main sur ce qu'elle a égaré. Ainsi son appareil photo Leica, qu'elle avait reçu pour son baccalauréat et qu'elle avait réussi à sauver de la débâcle, a disparu dans un tramway. Parfois aussi une perte est compensée par un cadeau particulièrement apprécié : elle écrit le 2 octobre 1997 une lettre pleine de tendresse à l'ancien président Richard von Weizsäcker pour le remercier du châle qu'il vient de lui offrir, alors qu'elle a perdu un objet quelconque dont le seul mérite avait été de l'avoir accompagnée dans de nombreux voyages aux quatre coins du monde. [242]

---

[242] DÖNHOFF Marion Gräfin, *Ein Leben in Briefen*, p. 272

En 1994, Marion Gräfin Dönhoff subit une première intervention chirurgicale qu'elle surmonte très bien. Elle doit juste se ménager pendant quelques semaines. Henry Kissinger, qui est à Paris pour une conférence, passe tout de même vite la voir à Hambourg.

Cinq ans plus tard, elle doit se soumettre à une deuxième opération. On sent dans les souvenirs de son petit-neveu Friedrich, que la vieille dame, toujours pressée, occupée à faire des choses utiles et intéressantes, commence à penser à la fin. L'opération ayant été repoussée de dix jours parce qu'elle a pris une aspirine juste avant la date fixée pour l'intervention, elle passe une semaine dans les Alpes suisses avec sa nièce Christina et son petit-neveu Friedrich. Elle en profite aussi pour donner une conférence à Bâle. Ayant fait une partie de ses études dans la grande ville de l'humanisme rhénan, elle y est un peu chez elle.

A l'automne 2001, elle retourne une dernière fois à Ischia, mais elle suit le conseil de son médecin et annule un voyage à Paris.

De très fortes douleurs au bras droit la font tellement souffrir qu'elle accepte les médicaments qui l'empêchent de se servir de la main droite, cette main qui depuis des décennies tenait le petit crayon avec lequel elle écrivait ses manuscrits.

A Noel 2001, Marion et Friedrich prennent le train pour Cologne, où Hermann Hatzfeldt les attend avec son épouse. Toute la famille passe les fêtes à Crottorf, résidence de Hermann et de sa famille. Puis elle remonte à Hambourg, pour aller au bureau, car elle continue à répondre au courrier ou préparer des préfaces, mais depuis qu'elle ne peut plus écrire avec sa main droite, elle ne donne que quelques rares textes courts à la rédaction.

Le 12 janvier 2002 elle fait une chute dans sa maison de Hambourg. Cette maison, au 4 de la rue Am Pumpenkamp, que « Die Zeit » lui a d'abord louée puis offerte en 1973, elle s'y sent bien. C'est une petite maison confortable, dans un quartier bourgeois, mais qui n'a rien de luxueux. Son luxe, c'est d'employer une gouvernante, qui tient la maison. Mais elle est maintenant trop fragile pour y retourner. Quand après plusieurs jours à l'hôpital elle sort du coma, le conseil de famille décide de l'emmener à Crottorf. Elle sait qu'elle y sera bien, chez Hermann et Angelika Hatzfeldt. Elle suit la tradition familiale qui veut que les vieux parents puissent se réfugier sur le domaine de l'héritier. « *J'avais l'impression qu'elle était en paix avec elle-même et sa vie et qu'elle était prête à partir*[243] », dira plus tard Friedrich Dönhoff.

Dans la nuit du 10 au 11 mars 2002, Marion Gräfin Dönhoff, née au château de Friedrichstein en Prusse Orientale, s'éteint au château de Crottorf, en Rhénanie-Palatinat.

En 1997, dans une lettre à son neveu Heinrich, elle avait exprimé le souhait d'être un jour enterrée dans le parc du château. « *Mon vœu serait d'être enterrée à Crottorf, quelque part sous de grands arbres, derrière des buissons – pas à un endroit très en vue. J'imagine qu'il y aurait là un banc en bois, comme j'en ai souvent vu en Russie (la famille s'y rassemble le soir). J'imagine que si vous êtes tous rassemblés et que vous en avez envie, vous y venez pour boire une bouteille de vin et discuter comme nous l'avons si souvent fait.* [244]» Mais elle craint que l'Administration n'autorise pas cet enterrement dans le parc du château – et effectivement, il n'y a pas de dérogation à la loi en vigueur.

De nombreux membres de la famille, dont sa sœur Yvonne morte en 1991 et son frère Toffi, mort en 1992, ainsi qu'une croix à la mémoire de Heinrich l'attendent déjà au cimetière de Friesenhagen, commune dont dépend le lieu-dit Crottorf. Le cimetière familial est situé un peu en hauteur du cimetière communal. Elle y est enterrée le 16 mars 2002, en présence de la famille et des amis proches, dont Fritz Stern, Hartmut von Hentig, les hommes et femmes politiques de droite et de gauche Richard von Weizsäcker, Helmut Schmidt, Henry Kissinger, Antje Vollmer, Hans-Jochen Vogel, les journalistes Theo Sommer, Alice Schwarzer, Ralf Dahrendorf. Elle était la dernière de la fratrie mais laisse de nombreux neveux et nièces, petits-neveux et petites-nièces.

Un an après sa mort, les éditeurs et la rédaction de « Die Zeit » créent le prix « Marion Dönhoff Preis », doté de 20.000 euros et qui récompense des personnes qui se sont engagées pour la compréhension et la coopération internationales.

---

[243] BUHL Dieter, Marion Gräfin Dönhoff, *Wie Freunde und Weggefährten sie erlebten*, p. 398
[244] DÖNHOFF Marion Gräfin, *Ein Leben in Briefen*, p. 270

## *Crottorf, novembre 2011*

Nous sommes un dimanche gris de novembre. Je suis arrivée la veille par de petites routes sinueuses. A l'auberge de campagne face au château de Crottorf, j'ai dîné et dormi entourée d'agrandissements de photographies prises par la jeune Marion Dönhoff lors de ses pérégrinations dans les Balkans avec sa sœur Yvonne.

Le matin je suis allée faire le pèlerinage au cimetière municipal de Friesenhagen. Cela fait plus de deux ans que je vis l'Histoire de l'Allemagne avec Marion Gräfin Dönhoff et sa famille, à travers livres et voyages. Je présente donc mes respects à la grande dame du journalisme allemand.

Hermann Graf Hatzfeldt-Wildenburg-Dönhoff, le neveu de la comtesse, m'a invitée à assister à un concert privé au château, à midi. Pas de doute, c'est là, dans ce Wasserschloss lové au fond du vallon de la Wildenburg, que la Belle au Bois dormant a dû s'assoupir. Le château-fort du 16e siècle est entouré de douves remplies d'eau qu'on traverse par un pont de pierre. Derrière la tour de garde, dont le pont-levis est prêt à fonctionner, de coquettes maisons à colombages se blottissent à l'abri des murailles et des grosses tours du château.

Le comte, un bel homme, discrètement élégant, sort de l'une de ces maisons et vient à ma rencontre. Comme à Kwitajny, je traverse le miroir, pour entrer à la fois dans l'histoire et la légende de Marion Gräfin Dönhoff. Mais là encore, comme à Kwitajny, j'ai face à moi un chef d'entreprise et homme d'affaires avisé. C'est grâce au sens de l'Histoire de la famille Hatzfeldt-Wildenburg-Dönhoff que cette bâtisse enchanteresse est en parfait état – mais aussi grâce aux revenus des grandes forêts que la famille gère selon des critères économiques et environnementaux modernes et en partie grâce aux subsides des Monuments Historiques ainsi que les quelques droits d'entrée payés par les touristes en été.

Nous prenons une tasse de café en attendant l'arrivée des autres invités : des relations d'affaires, des connaissances et beaucoup de membres de la grande famille. Plus d'une centaine d'invités se pressent dans la salle aux boiseries sombres. Des ancêtres nous observent sévèrement depuis leurs cadres suspendus au dessus de la bibliothèque remplie de livres anciens.

Nous écoutons tous sagement la présentation de l'objet de la collecte du jour qui aidera à financer une école de l'association Grünhelme au Congo.

Pendant que la jeune soprano Annika Boos, Hans Dietrich Klaus à la clarinette et Nerine Barrett au piano nous emmènent dans le monde des Lieder et des musiques de Louis Spohr, Franz Schubert et Johannes Brahms je ne peux m'empêcher de lever les yeux sur les figures en stuc du plafond et de rêver. Je me demande si j'ai fait un portrait juste de Marion Gräfin Dönhoff, qui a poussé son dernier soupir dans ce château. C'était une aristocrate prussienne, une grande journaliste, une personnalité influente dans le monde politique d'après-guerre. Mais c'était aussi une femme, la tante du Monsieur assis avec son épouse à ma droite. Oui, j'espère avoir tracé un portrait juste.

Après le concert, un brunch réunit la famille, dont de nombreux jeunes, et les amis proches. La nuit tombe déjà en ce dimanche pluvieux quand je quitte le château ancestral. Sur les pelouses, des sculptures d'artistes contemporains montrent que le temps ne s'est pas arrêté. L'Histoire et ses histoires continuent.

Crottorf, novembre 2011 – photographie Anne Laszlo

Carte d'Europe page suivante : Hans Baltzer, Berlin

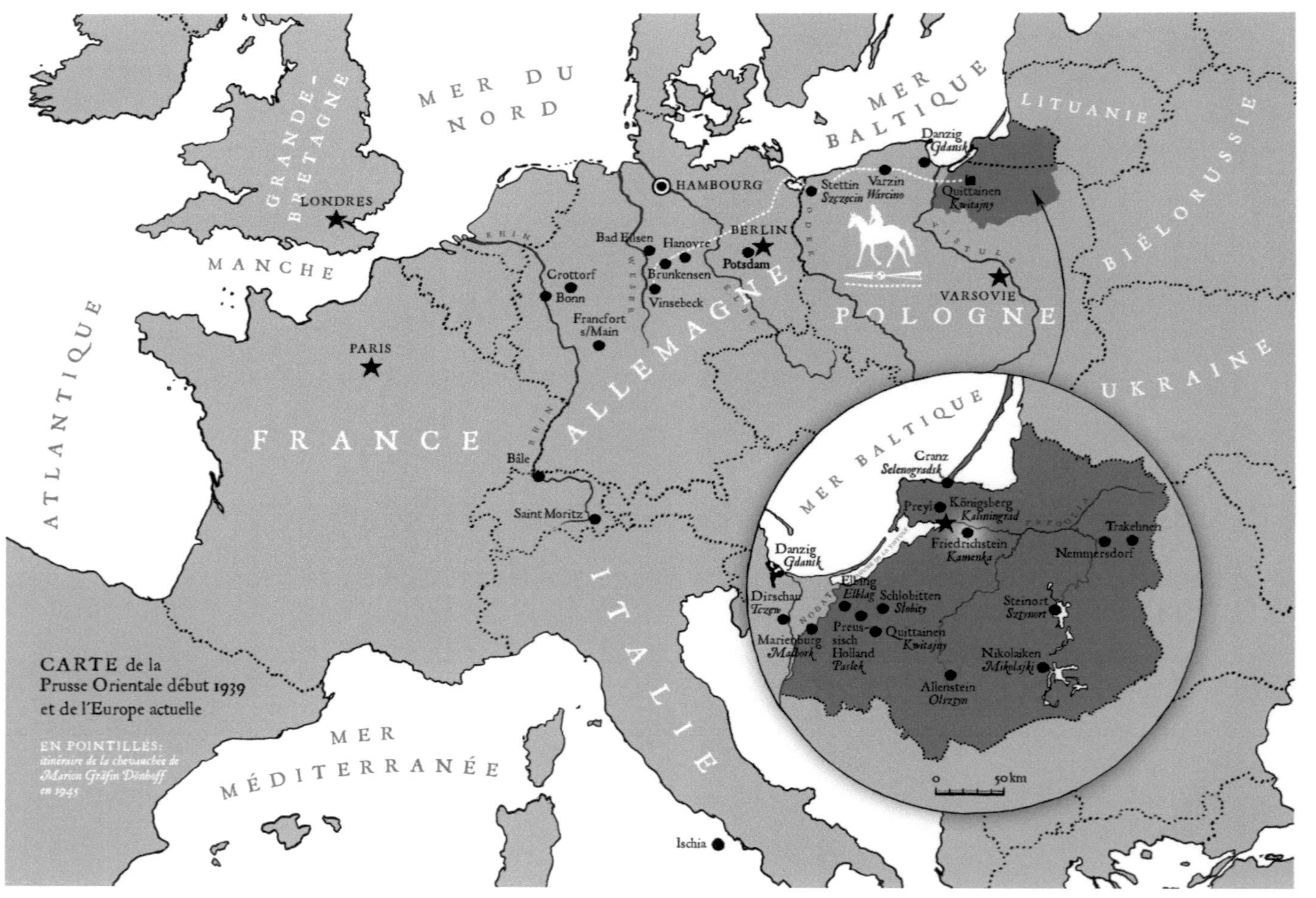
MER DU NORD
MER BALTIQUE
MANCHE
ATLANTIQUE
MER MÉDITERRANÉE
GRANDE-BRETAGNE
LONDRES
FRANCE
PARIS
ALLEMAGNE
POLOGNE
ITALIE
LITUANIE
BIÉLORUSSIE
UKRAINE
HAMBOURG
BERLIN
Potsdam
Hanovre
Brunkensen
Vinsebeck
Bad Eilsen
Crottorf
Bonn
Francfort s/Main
Bâle
Saint Moritz
Ischia
Stettin Szczecin
Varzin Warcino
Danzig Gdańsk
Quittainen Kwitajny
VARSOVIE
ODER
ELBE
WESER
RHIN
VISTULE
Cranz Selenogradsk
Preyl
Königsberg Kaliningrad
Friedrichstein Kamenka
Trakehnen
Nemmersdorf
Steinort Sztynort
Nikolaiken Mikołajki
Allenstein Olsztyn
Schlobitten Słobity
Quittainen Kwitajny
Preussisch Holland Pasłęk
Elbing Elbląg
Marienburg Malbork
Dirschau Tczew
NOGAT
PREGOLIA
0 50 km
CARTE de la Prusse Orientale début 1939 et de l'Europe actuelle
EN POINTILLÉS: itinéraire de la chevauchée de Marion Gräfin Dönhoff en 1945

## Marion Gräfin Dönhoff

Repères généalogiques

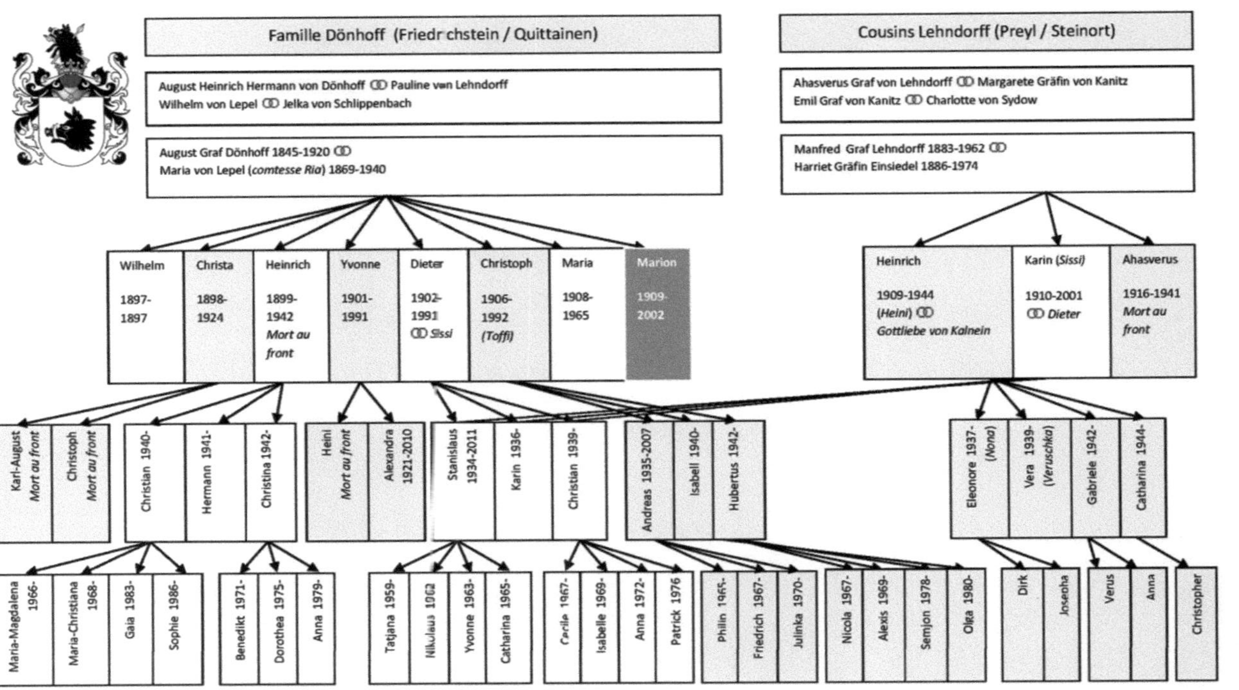

# *Repères chronologiques*

| **Marion Gräfin Dönhoff** | **Evénements en Allemagne** | **Evénements en France** |
|---|---|---|
| | 13e siècle : Colonisation de la Prusse par l'Ordre Teutonique. | |
| | 1701 : Couronnement de Frédéric 1er, roi en Prusse, à Königsberg | |
| | 1724-1804 : Naissance et mort du philosophe Kant | 1789 : Révolution française |
| | 1740-1786 : Règne de Frédéric II le Grand, roi de Prusse | |
| | 1871 : Le roi de Prusse devient empereur allemand. | 1870-1940 : Troisième République |
| | | 1902 : Naissance du journaliste Hubert Beuve-Méry (Le Monde) |
| 02/12/1909 : Naissance à Friedrichstein, en Prusse orientale | 1909 : Naissance de la future éditrice Aenne Burda | 1909 : Aristide Briand succède à Georges Clémenceau à la Présidence du Conseil |
| | | 1909 : Naissance de la journaliste Hélène Lazareff |
| | 1919 : Suite au traité de Versailles, la Prusse orientale est séparée du Reich par le « corridor polonais ». | 1916 : Naissance de la journaliste Françoise Giroud |
| 1920 : Décès du père | | 1920 : Naissance du journaliste Jean Daniel |
| 1924 : Accident de voiture | | 1924 : Naissance du journaliste Jean Jacques Servan-Schreiber |
| 1929 : Abitur (baccalauréat) | | |
| 1931 : Etudes d'économie à Francfort/Main et Bâle (Suisse) | 30/01/1933 : Arrivée de Hitler au pouvoir | |
| 1935 : Doctorat Dr.rer.pol. | | |
| 1936 : Apprentissage de la gestion des biens familiaux à Friedrichstein et Quittainen | | |
| 1939 : Gestionnaire du domaine familial | 1939 : Début de la 2e guerre mondiale | Juillet 1940 : Régime de Vichy |
| 1941 : Chevauchée à travers la Mazurie avec sa cousine Sissi Lehndorff | | |

| | | |
|---|---|---|
| | 03/12/1942 : Naissance de la journaliste Alice Schwarzer<br>22/02/1943 : Exécution des étudiants résistants Sophie et Hans Scholl<br>20 /07/1944 : Attentat manqué contre Hitler | 06/06/1944 : Débarquement en Normandie<br>18/12/1944 : 1er numéro du quotidien « Le Monde » |
| Hiver-printemps 1945 : Fuite à cheval de Prusse orientale en Westphalie | 08/05/1945 : Capitulation allemande<br>14 millions d'Allemands sont expulsés d'Europe centrale et orientale. | 02/02/1945 : Libération de Colmar |
| 21 mars 1946 : Premier article, dans le numéro 5 de l'hebdomadaire « Die Zeit » à Hambourg | 21/02/1946 : 1er numéro de « Die Zeit », qui deviendra l'hebdomadaire des intellectuels allemands | 1946-1958 : Quatrième République |
| | 25/02/1947 : Le Conseil de contrôle allié prononce la dissolution de l'Etat de Prusse.<br>24/06/1948-12/05/1949 : Blocus de Berlin<br>1949-1963 : Konrad Adenauer chancelier | |
| 1950 : Responsable de la rédaction politique de « Die Zeit » | | |
| 1954 : Quitte « Die Zeit » / Stagiaire au magazine The Observer | | 1958 : Cinquième République |
| | 13/08/1961 : Edification du Mur de Berlin<br>1963-1969 : Ludwig Erhard chancelier | 1954-1962 : Guerre d'Algérie |
| 1968 : Rédacteur en chef de « Die Zeit » | 1968 : Répercussions du « printemps de Prague » / manifestations d'étudiants en France et en Allemagne | |
| | 1969-1974 : Willy Brandt chancelier | 1969 : Georges Pompidou succède à Charles De Gaulle à la Présidence de la République |
| | 18/11/1970 : Accord germano-polonais reconnaissant la ligne Oder-Neisse comme frontière entre les deux Etats. Signature solennelle en décembre 1970 | |
| | 1974-1983 : Helmut Schmidt chancelier | 1974-1981 : Valery Giscard d'Estaing président de la République |

| | | |
|---|---|---|
| 1973 : « Editeur » / Die Zeit | | |
| | 1977 : attentats terroristes en Allemagne | |
| | 1982-1998 : Helmut Kohl chancelier | 1981-1995 : François Mitterrand président de la République |
| 1979 : Décline l'offre de candidature à la Présidence de la République Fédérale d'Allemagne | 1984-1994 : Richard von Weizsäcker, président de la République fédérale d'Allemagne | A Genève, 1985 : Première rencontre entre Mikhaïl Gorbatchev et Ronald Reagan |
| | 11/1989 : Chute du Mur de Berlin | |
| 1992 : Mise en place de la nouvelle statue du philosophe Kant à Kaliningrad | | |
| 1995 : Le lycée de jeunes filles de Mikolajki, en Mazurie s'appelle désormais lycée Marion Dönhoff | | 1995-2007 : Jacques Chirac président de la République |
| 1999 : Citoyenne d'honneur de Hambourg<br>Docteur honoris causa de l'université de Kaliningrad | 1998-2005 : Gerhard Schröder chancelier | |
| 11/03/2002 : Décès au château de Crottorf, en Rhénanie-Palatinat | | |
| | 2005 : Angela Merkel chancelière | |
| | 2007 : La Pologne entre dans la zone Schengen ; les contrôles douaniers entre la Pologne et l'Allemagne sont abolis. | 2007-2012 : Nicolas Sarkozy président de la République |

# *Bibliographie*

## Marion Gräfin Dönhoff


BUHL Dieter, *Marion Gräfin Dönhoff: wie Freunde und Weggefährten sie erlebten*, Hoffmann und Campe, 2006

DÖNHOFF Marion Gräfin Entstehung und Bewirtschaftung eines ostdeutschen Großbetriebes. Die Friedrichstein-Güter von der Ordenszeit bis zur Bauernbefreiung (Dissertation, Universität Basel 1935)

DÖNHOFF Marion Gräfin, *Namen, die keiner mehr nennt*, Eugen Diederichs Verlag, 1962 (incluant les textes *Nach Osten fuhr keiner mehr, Ritt durch Masuren, Die zu Hause blieben sind nicht mehr daheim, Leben und Sterben eines ostpreußischen Edelmannes, Wirtschaftswunder vor 200 Jahren, Stets blieb etwas vom Geist des Ordens)*

DÖNHOFF Marion Gräfin / SOMMER Theo / LEONHARDT Rudolf Walter, *Reise in ein fernes Land*, Bertelsmann, 1964

DÖNHOFF Marion Gräfin, *Deutsche Aussenpolitik*, Wegner, 1970

DÖNHOFF Marion Gräfin, *Amerikanische Wechselbäder. Beobachtungen und Kommentare aus vier Jahrzehnten*, Deutsche Verlags Anstalt, 1983

DÖNHOFF Marion Gräfin, *Von Gestern nach Übermorgen*, dtv, 1984

DÖNHOFF Marion Gräfin, *Preussen*, Siedler, 1987

DÖNHOFF Marion Gräfin, *Kindheit in Ostpreußen*, Rautenberg, 1988

DÖNHOFF Comtesse Marion (traduction Colette Kowalski), *Une enfance en Prusse orientale*, Albin Michel, 1990

DÖNHOFF Marion Gräfin, *„Um der Ehre willen" Erinnerungen an die Freunde vom 20. Juli*, Siedler, 1994

DÖNHOFF Marion Gräfin, *Zivilisiert den Kapitalismus*, Deutsche Verlags-Anstalt, 1997

DÖNHOFF Marion Gräfin, *Der Effendi wünscht zu beten*, Siedler, 1998

DÖNHOFF Marion Gräfin, *Die neue Mittwochsgesellschaft*, Deutsche Verlagsanstalt, 1998

DÖNHOFF Marion Gräfin, *Deutschland, Deine Kanzler*, Siedler, 1999

DÖNHOFF Marion Gräfin, *Vier Jahrzehnte politischer Begegnungen*, Orbis, 2001

DÖNHOFF Marion Gräfin, *Was mir wichtig war*, Siedler, 2002

DÖNHOFF Friedrich, *Die Welt ist so, wie man sie sieht*, Hoffmann und Campe, 2002

DÖNHOFF Marion Gräfin / DÖNHOFF Friedrich, *Reisebilder*, Hoffmann und Campe, 2004

DÖNHOFF Tatjana Gräfin / RÖTTGER Jo, *Weit ist der Weg nach Westen – Auf der Fluchtroute von Marion Gräfin Dönhoff - Die Zeit Reisen*, Nicolai, 2004

DÖNHOFF Marion Gräfin / BUCERIUS Gerd, *Ein wenig betrübt, Ihre Marion*, btb, 2005

DÖNHOFF Marion Gräfin / BURCKHARDT Carl Jacob, *« Mehr als ich Dir jemals werde erzählen können"*, Hoffmann und Campe, 2008

DÖNHOFF Marion Gräfin, *Bilder, die langsam verblassen*, Rautenberg, 2008

DÖNHOFF Marion Gräfin, *Ein Leben in Briefen*, Hoffmann und Campe, 2009 (édité par Irene Brauer, assistante de Marion Dönhoff, et Friedrich Dönhoff).

DÖNHOFF Marion Gräfin, *Zeichen ihrer Zeit*, Diogenes, 2012

HARPPRECHT Klaus, *Die Gräfin – Marion Dönhoff*, Rowohlt, 2008
HECK Kilian Heck, THIELEMANN Christian, *Friedrichstein*, Deutscher Kunstverlag, 2006
KUENHEIM Haug von, *Marion Dönhoff*, Rororo, 1999
KUENHEIM Haug von / KÜRTZ Hans Joachim, *Ostpreußen – Auf den Spuren von Marion Gräfin Dönhoff*, Ellert & Richter, 2007
SWR / Die Zeit (2 CD), *Marion Gräfin Dönhoff - Gespräche zwischen 1953 und 1998*, 2002
SCHMIDT Helmut, *Weggefährten (p. 241-246)*, Siedler, 1996
SCHWARZER Alice, *Marion Dönhoff*, KIWI, 1996

## Les médias allemands

ALBERT Pierre / KOCH Ursula E., *Les médias en Allemagne*, PUF, 2000
BERNHARDT Rüdiger / VAILLANT Jérôme, *La dénazification par les vainqueurs*, Presses Universitaires de Lille, 1981
BÖLL Heinrich, *Die verlorene Ehre der Katharina Blum*, Kiepenheuer & Witsch, 1974
DAHMEN Ute, *Aenne Burda*, Petrarca, 2009
DAHRENDORF Ralf, *Liberal und unabhängig - Gerd Bucerius und seine Zeit*, C.H.Beck, 2000
DÜNNEBIER Anne / PACZENSKY Gert v., *Das bewegte Leben der Alice Schwarzer*, Knaur, 1999
FRENKEL Cornelia / LÜGER Heinz-Helmut / WOLTERSDOFF Stefan (Hrsg.), *Deutsche und französische Medien im Wandel*, Knecht Verlag, 2004
GAMMELIN Cerstin / HAMANN Götz, *Die Strippenzieher*, Econ, 2005
GROSSE Ernst Ulrich / SEIBOLD Ernst (sous la direction de), *Presse française, presse allemande*, L'Harmattan, 2003
HAASE Christian / SCHILDT Axel(Herausgeber), *„Die Zeit" und die Bonner Republik*, Wallstein, 2008
HAUSER Thomas / HODEIGE Christian, *Der Zeitungsmensch – Auf den Spuren von Ralf Dahrendorf in Südbaden*, Rombach, 2010
ILLNER Maybrit, *Schmierfinken – Politiker über Journalisten*, Heyne, 2009
JACOBI Claus, *Fremde, Freunde, Feinde*, Ullstein, 1991
JAKOBS Hans-Jürgen / LANGENBUCHER Wolfgang R. (Hg.), *Das Gewissen ihrer Zeit - 50 Vorbilder des Journalismus*, Picus, 2004
JANSSEN Karl-Heinz / KUENHEIM Haug von/ SOMMER Theo, *Die Zeit*, Siedler, 2006
KÖPF Peter, *Die Burdas*, Europa Verlag, 2002
MERSEBURGER Peter, *Rudolf Augstein*, Pantheon, 2009
SCHREIBER Hermann, *Henri Nannen*, C. Bertelsmann, 1999
KLOEPFER Inge, *Friede Springer*, Hoffmann und Campe, 2005
MIKA Baschka, *Alice Schwarzer*, Rowohlt, 1998
RADDATZ Fritz, *Unruhestifter*, List, 2005
REICH-RANICKI Marcel, *Mein Leben*, Deutsche Verlags-Anstalt, 1999
SCHABOWSKI Günter / SIEREN Frank, *Wir haben fast alles falsch gemacht - Die letzten Tage der DDR*, Econ, 2009
SCHMIED Jürgen Peter, *Sebastian Haffner*, C.H. Beck, 2010
SCHWARZ Hans-Peter, *Axel Springer*, Propyläen, 2008
SCHWARZER Alice, *Lebenslauf*, Kiepenheuer & Witsch, 2011

SOMMER Theo, *Unser Schmidt*, Hoffmann und Campe, 2010

WAGNER Franz-Josef, *Brief an Deutschland*, Diederichs, 2010

WALLRAFF Günter, *Der Mann, der bei « Bild » Hans Esser war*, Kiepenheuer & Witsch, 1977

WALLRAFF Günter, *Zeugen der Anklage - Die „Bild" Beschreibung wird fortgesetzt*, Kiepenheuer & Witsch, 1979

WEICHERT Stephan / ZABEL Christian, *Die α Journalisten*, Herbert von Halem, 2007

WELKE Martin / WILKE Jürgen, *400 Jahre Zeitung*, Edition lumiere, 2008

WITTSTOCK Uwe, *Marcel Reich-Ranicki*, Pantheon, 2005

ZIESEL Kurt, *Die Meinungsmacher*, Universitas, 1988


## Contexte historique


ADLER Laure, *Françoise*, Grasset, 2011

ARBURG Adrian von / BORODZIEJ Wlodzimierz / KOSTJASCHOW Jurij, *Als die Deutschen weg waren*, Rowohlt, 2007

BÖDECKER Ehrhardt, *Preußen und die Marktwirtschaft*, Olzog, 2006

BOESELAGER Philipp von, *Wir wollten Hitler töten*, Hanser, 2008

BOESELAGER Philipp von, *Nous voulions tuer Hitler*, Perrin, 2008

BORODZIEJ Wlodzimierz, *Als der Osten noch Heimat war*, RoRoRo, 2011

BRAKELMANN Günter, *Helmuth James von Moltke: 1907 - 1945. Eine Biographie*, C. H. Beck, 2007

*Weltgeschichte der Neuzeit*, Bundeszentrale für Politische Bildung, 2009

BRUHNS Wibke, *Meines Vaters Land*, ECON, 2004 / *Le pays de mon père*, Livre de poche

BRUHNS Wibke, *Nachrichtenzeit*, Droemer, 2012

BURGDORFF Stephan / F. PÖTZL Norbert / WIEGREFE Klaus, *Preußen*, Spiegel / Goldmann, 2009

CAZAS Helga, *Auf Wiedersehen in Paris –Als jüdische Immigrantin in Frankreich 1938-1945*, S. Fischer, 2005

CLEMENCEAU Georges, *Grandeurs et misères d'une victoire*, Plon/Perrin, 2003 / 2010

CRAIG Gordon A., *Deutsche Geschichte 1866-1945*, C. H. Beck, 1993

DOHNA-SCHLOBITTEN Alexander Fürst zu, *Erinnerungen eines alten Ostpreußen*, Siedler, 1989

DÖNHOFF Friedrich, *Mister Helmuts Schule*, Rororo, 2005

DÖNHOFF Friedrich / BARENBERG Jasper, *Ich war bestimmt kein Held*, Rororo, 1998

DÖNHOFF Tatjana Gräfin / SPERL Gabriela, *Die Flucht*, Bloomsbury Berlin, 2007

ENGELBERG Ernst und Achim, *Die Bismarcks*, Siedler, 2010

ENZENSBERGER Hans Magnus, *Hammerstein*, Suhrkamp, 2008

FEST Joachim, *Hitler*, Propyläen, 1973

FEST Joachim, *Ich nicht – Erinnerungen an eine Kindheit und Jugend*, Rowohlt, 2006

FUHRER Armin, *Die Todesfahrt der „Gustloff"*, Olzog, 2007

FUHRER Armin / SCHÖN Heinz, *Erich Koch, Hitlers brauner Zar*, Olzog, 2010

GAILE Jochen, *Wir Deutschen*, Franz Steiner, 2009

GRASS Günter, *Im Krebsgang*, Steidl, 2002 / Traduction française : *En crabe*, Seuil, 2004

GEYKEN Frauke, *Freya von Moltke – Ein Jahrhundertleben 1911-2010*, C.H. Beck, 2011

GROSSBONGARDT Annette / KLUSSMANN Uwe / PÖTZL Norbert F., *Die Deutschen im Osten Europas*, Dva – Spiegel Buchverlag, 2011

GROSSER Alfred, *Die Freude und der Tod. Eine Lebensbilanz - La joie et la mort*, Rowohlt, 2011

HAFFNER Sebastian, *Anmerkungen zu Hitler*, Kindler, 1978
HAFFNER Sebastian, Defying Hitler, Weidenfeld & Nicolson, 2002
HAFFNER Sebastian, *Histoire d'un Allemand*, Actes Sud
HARPPRECHT Klaus, *Harald Poelchau – ein Leben im Widerstand*, rororo, 2007
JACKIEWICZ-GARNIEC Malgorzata / GARNIEC Miroslaw, *Schlösser und Gutshäuser im ehemalige Ostpreußen*, Studio Arta, 2001
KORALL Wolfgang / LUTHARDT Ernst-Otto, *Masuren*, Stürtz, 2011
KOSSERT Andreas, *Damals in Ostpreussen*, 2010
KOSSERT Andreas, *Ostpreussen*, Pantheon, 2005
KOSSERT Andreas, *Kalte Heimat*, Pantheon, 2008
LEHNDORFF Hans Graf von, *Die Insterburger Jahre, 1961* (C.H. Beck, 2001)
LEHNDORFF Hans Graf von, *Ostpreußisches Tagebuch*, Biederstein, 1961
LEHNDORFF Hans Graf von, *Menschen, Pferde, weites Land, 1980*
LEHNDORFF Vera / ROHWER Jörn Jacob, *Veruschka – mein Leben*, Dumont, 2011
LARK Christopher, *Preussen*, Pantheon, 2008
LENZ Siegfried, Heimatmuseum, 1997
LONGERICH Peter, *„Davon haben wir nichts gewusst!": Die Deutschen und die Judenverfolgung 1933-1945*, Siedler, 2009
LORENZ Hilke, Heimat *aus dem Koffer*, List, 2011
LOJEWSKI Wolf von, *Meine Heimat, deine Heimat*, Bastei Lübbe, 2011
MADELUNG Eva / SCHOLTYSECK Joachim, *Heldenkinder Verräterkinder*, C.H. Beck, 2007
MANN Golo, *Deutsche Geschichte des 19. und 20. Jahrhunderts, 1958* (Fischer, 2009)
MOLTKE Freya von, *Erinnerungen an Kreisau*, C. H. Beck, 1997
PÖTZSCH Heinz, *Deutsche Geschichte von 1945 bis zur Gegenwart*, OLZOG 2009
RADA Uwe, *Die Memel*, Siedler, 2010
RECKER Marie-Luise, *Geschichte der Bundesrepublik Deutschland*, C. H. Beck, 2009
SCHULTHESS Konstanze von, *Nina Schenk Gräfin von Stauffenberg – ein Porträt*, Pendo, 2008
SCHWAN Heribert, *Die Frau an seiner Seite*, Heyne, 2011
STAHL E. G., *Die Mücke im Bernstein*, Bastei Lübbe, 1999
SURMINSKI Arno, *Winter Fünfundvierzig*, Ellert & Richter, 2010
SURMINSKI Arno, *Jokehnen*, Werner Gebühr, 1974
THIES Jochen, *Die Moltkes*, Piper, 2010
USTORF Anne-Ev, *Wir Kinder der Kriegskinder*, Herder, 2008
VOLLMER Antje, *Doppelleben*, Eichborn, 2010
WIECK Michael, *Zeugnis vom Untergang Königsbergs*, C.H. Beck, 2005
WINKLER Heinrich-August, *Der lange Weg nach Westen - Deutsche Geschichte*, C.H. Beck, 2010

## Magazines, journaux, internet

Marion Dönhoff Stiftung (www.marion-doenhoff.de)
Börsenverein des deutschen Buchhandels (*www.boersenverein.de*)
Frankfurter Allgemeine Zeitung
Der Journalist
Le Monde

Libération
Prmagazin
Der Spiegel
Der Spiegel Geschichte, *Die Deutschen im Osten,* 2011
Stern, *Preussen,* 2011
Die Zeit
Die Zeit, *Preussen,* 2011
Die Zeit Geschichte, *Hitlers Krieg im Osten,* 2011
Christiane Haase, *« Marion Gräfin Dönhoff et le XXième siècle allemand »* (*http://www.christiane-haase.com*)
*St Sebastianus - Wildenburger Land*
Vierteljahreshefte für Zeitgeschichte, *Eckart CONZE : « Gräfin Dönhoff und das Bild des Widerstands gegen den Nationalsozialismus nach 1945"(* *http://www.ifz-muenchen.de/heftarchiv/2003_4.pdf*), 2003

# Remerciements

Merci à Nora, Bernard, Dadi et Sonia pour leur soutien.

Merci à Liliane Kern et Jean Breitel pour leur critique bienveillante.
Merci à Hermann Graf Hatzfeldt pour sa confiance.
Merci à Irene Brauer (Marion Dönhoff Stiftung) pour son aide.

Merci à Martin, Claire, Corinne, Laurence, pour leurs encouragements.

**L'HARMATTAN ITALIA**
Via Degli Artisti 15; 10124 Torino

**L'HARMATTAN HONGRIE**
Könyvesbolt ; Kossuth L. u. 14-16
1053 Budapest

**L'HARMATTAN KINSHASA**
185, avenue Nyangwe
Commune de Lingwala
Kinshasa, R.D. Congo
(00243) 998697603 ou (00243) 999229662

**L'HARMATTAN CONGO**
67, av. E. P. Lumumba
Bât. – Congo Pharmacie (Bib. Nat.)
BP2874 Brazzaville
harmattan.congo@yahoo.fr

**L'HARMATTAN GUINÉE**
Almamya Rue KA 028, en face du restaurant Le Cèdre
OKB agency BP 3470 Conakry
(00224) 60 20 85 08
harmattanguinee@yahoo.fr

**L'HARMATTAN CAMEROUN**
BP 11486
Face à la SNI, immeuble Don Bosco
Yaoundé
(00237) 99 76 61 66
harmattancam@yahoo.fr

**L'HARMATTAN CÔTE D'IVOIRE**
Résidence Karl / cité des arts
Abidjan-Cocody 03 BP 1588 Abidjan 03
(00225) 05 77 87 31
etien_nda@yahoo.fr

**L'HARMATTAN MAURITANIE**
Espace El Kettab du livre francophone
N° 472 avenue du Palais des Congrès
BP 316 Nouakchott
(00222) 63 25 980

**L'HARMATTAN SÉNÉGAL**
« Villa Rose », rue de Diourbel X G, Point E
BP 45034 Dakar FANN
(00221) 33 825 98 58 / 77 242 25 08
senharmattan@gmail.com

**L'HARMATTAN BÉNIN**
ISOR-BENIN
01 BP 359 COTONOU-RP
Quartier Gbèdjromèdé,
Rue Agbélenco, Lot 1247 I
Tél : 00 229 21 32 53 79
christian_dablaka123@yahoo.fr

609672 - Juin 2015
Achevé d'imprimer par